在一起

记录支教一线的温暖瞬间

崔 超 / 著

北京理工大学出版社
BEIJING INSTITUTE OF TECHNOLOGY PRESS

版权专有　侵权必究

图书在版编目（CIP）数据

在一起：记录支教一线的温暖瞬间／崔超著 .—北京：北京理工大学出版社，2020.11

ISBN 978-7-5682-9292-4

Ⅰ.①在… Ⅱ.①崔… Ⅲ.①不发达地区－教育工作－概况－中国 Ⅳ.①G527

中国版本图书馆 CIP 数据核字（2020）第 238227 号

出版发行	/北京理工大学出版社有限责任公司
社　　址	/北京市海淀区中关村南大街 5 号
邮　　编	/100081
电　　话	/（010）68914775（办公室）
	（010）82562903（教材售后服务热线）
	（010）68948351（其他图书服务热线）
网　　址	/http：//www.bitpress.com.cn
经　　销	/全国各地新华书店
印　　刷	/北京地大彩印有限公司
开　　本	/710 毫米×1000 毫米　1/16
印　　张	/20.25
字　　数	/272 千字
版　　次	/2020 年 11 月第 1 版　2020 年 11 月第 1 次印刷
定　　价	/98.00 元

责任编辑／徐艳君
文案编辑／徐艳君
责任校对／周瑞红
责任印制／李志强

图书出现印装质量问题，请拨打售后服务热线，本社负责调换

谨以此书
献给为贫困地区支教事业奉献青春的志愿者们!

序

PREFACE

崔超和他的小伙伴以爱心为行装，接力写下了这一个个鲜活生动的故事，虽然很平常，但其背后是他们对公益和梦想的坚守，是年轻人追求不平凡和深刻的真实写照。

2007年，中国青少年发展基金会联合中国平安发起"希望工程志愿服务——平安希望小学支教行动"以来，8000多名志愿者在全国各地坚持服务了33万多小时，足迹踏上了辽宁凌源、贵州毕节、广西河池、云南德宏、西藏那曲、宁夏固原等条件艰苦学校。他们送去了丰富多彩的课程，为乡村孩子渴望知识的心灵注入了一丝甘泉。

书中的志愿者只是千千万万爱心大军的缩影，期许更多的志愿者走到一起，共同架起爱心互助与传递的桥梁，为更多乡村孩子的成长提供新助力，播种新希望。

中国青少年发展基金会理事长

荐读

RECOMMENDED READING

2018年，本书作者受明园慈善基金陈园理事长和马明哲理事邀请担任明园学校艺术教育特聘顾问

　　这本书，凝聚了崔超，和他的志愿者伙伴们，十年来为慈善事业播撒的爱心和汗水。从每一位志愿者文章中朴实无华的字里行间，都能感受到他们对公益慈善事业的满腔热忱，以及无怨无悔的付出。

　　慈善不是简单的捐赠，不是浮夸的作秀。真正的慈善，是既要"输血"，更要"造血"，"授人以鱼不如授人以渔"。后者需要许许多多热爱公益的人，默默无闻、日积月累地诉诸实践。

作为明园慈善基金的创立者，我们发自肺腑地感谢这些可爱、可亲、可敬的志愿者。他们来自四面八方，各行各业，却有着共同的慈善之心，以及对明园的信任与支持。我们只是提供了一个平台，是他们，这么多年来，用点点滴滴的实际行动，将公益的精神、慈善的心愿，转化为受助地区、受助人群的财富。这个财富，不仅仅是物质上的，更重要的是精神上的富足、能力上的成长。

志愿者是明园慈善事业最可宝贵的伙伴。是志愿者的守望坚持、无私付出，点亮了我们明园小学孩子们眼中的求知、憧憬、希望之光。借此书面世的机会，我们向所有志愿者致敬！感谢，感恩！

明园慈善基金理事长

明园慈善基金理事

目录 CONTENTS

辽宁凌源初相遇　东北大地真性情

出发前的酝酿 // 002

阳光美，在旅途 // 005

口琴声声传校园，爱心炽热暖心间 // 012

沉淀、求索 // 019

带病坚持传道授业，酒意重温美好回忆 // 024

问君此去几时还，遥望千里别梦寒 // 027

重庆涪陵再相逢　家访途中老泪流

这里的音乐最动听 // 030

七色光下的笑声 // 034

让阳光照进我们的心房 // 039

感动在身边，平安一家亲 // 048

用艺术点亮生命，用情感温暖人心 // 053

支教歌曲《在一起》// 060

广西马山吹台风　残羹冷炙三轮行

支教首日的思绪 // 062

支教，是一种信念 // 072

无悔的蜡烛 // 082

坚强地活着 // 090

贵州毕节斗湿冷　群山环绕鼓乐声

生命的色彩 // 108

光棍节的洗礼 // 114

支教第三天 // 120

坚持就是胜利 // 125

不说再见　明年再来 // 131

海原遥望六盘山　鹅毛大雪不了情

宁夏高原一青松 // 138

放飞希望 // 149

家访，精神的洗礼 // 157

真诚地感谢 // 168

广西河池山路远　漫漫长夜望星空

支教的意义 // 178

我的支教小伙伴 // 190

山岩顶上一青松 // 194

支教歌曲《大山的路》// 202

云南瑞丽醉风景　中缅边境踏歌行

七载支教再出发 // 204

支教若只如初见 // 214

在希望的田野上 // 221

黄昏的朝阳 // 223

天籁之声传边寨 // 226

明园情，中国梦 // 229

支教歌曲《明园共筑中国梦》// 232

西藏那曲战高反　雪山脚下见真情

支教·守望者 // 234

我的支教观 // 246

竖笛教学在高原 // 253

脊梁 // 259

高原的五星级酒店 // 266

支教歌曲《把爱留给你》// 271

宁夏固原深秋聚　九载征程再出发

九载支教路　用心再出发 // 274

导演的支教尝试 // 282

记昨夜我的一个梦 // 289

假如我在这里当老师 // 296

支教歌曲《为爱前行》// 311

致谢 // 312

01 辽宁凌源初相遇
东北大地真性情

出发前的酝酿

■ 崔超

悲催旅行,肚皮饥饿交响曲

9月16日,星期五,17点45分。仓皇之中从复兴门远洋大厦冲入地铁,奔向北京站,任凭汗水湿透衣衫,心中只有一个信念——赶上18点20分由北京开往沈阳北的火车。

命运之神给足了我面子,我很幸运在开车3分钟前登上了列车,由此开始了我的东北支教之行。一个人的旅行是如此的孤单,5个多小时的颠簸让我欲哭无泪。由于拿着大包小箱,在车上自然是不敢睡觉的。一天没正经吃饭,肚皮的饥饿交响曲越发得明快。

当我拎包、挎琴走出车厢,沈阳寒冷的天气让我好不哆嗦。颤抖中庆幸自己带了秋衣秋裤和厚衣服。经过狂奔,终于来到入住的东方瑞心酒店,此时已经23点30分。给家中报平安后,初见我的室友,深发展总行HR的陈大哥。几句寒暄后,开始洗漱休息。躺在床上,伴着肚皮饥饿交响曲,我翻腾着睡去,睡去,睡去,睡去……

起早购票,初识革命战友

我最"悲剧"的事情就是工作日该起床起不来,休息赖床睡不着。7点

半起床，洗漱完毕奔向火车站，买回京的火车票。沈阳北站的购票人不是很多，排了5分钟就买到了。匆匆奔回酒店，吃了超级咸的早餐，同此行的另几位朋友见面后，打车前往沈阳的平安大厦。

在这里，我们在广西寿险谢萍的介绍下，相互熟识。三位深发展员工分别来自总行HR、北京分行和大连分行，连同平安寿险辽宁分公司的同事和一名在校大学生，组成了此次凌源支教第三批的全体阵容。志愿者之间不需要客套，奉献爱心让我们相聚。经过上午的培训，我们利用下午时间进行了课程的预讲，并有幸和第二批的支教志愿者进行了对接。

打虎亲兄弟，上阵父子兵

从第二批志愿者的讲述中，我们对于支教小学的情况有了初步了解，对于这些乘车近5个小时赶回的志愿者表示由衷的敬意。在第二批的志愿者中，有4位女孩和一位大哥。4位女孩有3位是在校大学生，大哥是平安寿险辽宁分公司的。正是这位近50岁的大哥，给我带来了很多的震撼和感动。他通过自己的镜头，记录了那片土地上发生的感人场景，他把自己的热情和爱心奉献了给了山区的孩子。为了传递自己的这份情谊，张大哥把自己读大学的儿子连夜叫到了这里，让他去艰苦的地方锻炼、成长。从张大哥的幽默富有哲理的东北话中，我感到了一个父亲对自己儿子的培养，更体会了志愿精神的传承。打虎亲兄弟，上阵父子兵，相信小张一定会续写爸爸的辉煌。

出发前的酝酿，期待明天会更好

躺在宾馆的床上，写下这些文字片段，憧憬着未来一周的支教生活。沈阳的夜色很美，丝丝寒风中我感慨满怀，相信历经一个多月的准备，崔老师的音乐课一定会成功实施！凌源小城子镇乔营子村平安希望小学的孩子一定会创造出最美的音乐！

阳光美,在旅途

■ 崔超

9月18日,伴着朝阳醒来,拾起行囊乘车奔向凌源。途经沈阳街道,尽显发展建设新貌,一路阳光明媚,天高云淡,经过5个小时的长途跋涉,终于在下午14点30分到达凌源。

走在凌源的街道,东北县级市的面貌尽收眼底:略显杂乱的街道,熙熙攘攘的车流,虽有新建小区的映衬,但也难掩一抹静默的灰色。我在思索着,县城里都是这样的情况,我们要去的乡村小学又是一个什么状况呢?其实凌源市里的几所学校还是很雄伟壮丽的,虽是周末但也随处可见身着校服的中学生。

当我们漫步在凌源街头,惊喜地发现这里的中学女生不乏小美女,白皙的脸庞,大大的眼睛,精巧的辫子还是让人愿意多看两眼,似乎学生清纯质朴的朝气与这个城市形成了鲜明的对比。这里的饭菜量非常大,6个人点4个菜真的差不多够了。饭馆虽没有大牌楼,但价格也算与门脸相衬。

纵观街边的商铺,化石店、药店和足疗店最多,让我认为当地人民休闲生活匮乏,只可靠如此打发时间。晚饭回来发现市政府门前的广场有露天舞会,不少人跟着《梁祝》的舞曲跳着;酒店门前的路边有三五成群的中老年人,在简易乐器的伴奏下,唱着歌曲。虽有颇为刺骨的寒风,但兴致不减。

酒店网络十分不给力,因此只能老老实实地写支教日记,顺便温习一下准备的课程,并憧憬明天即将发生的事情。为了保证五点半能起来,还是早休息吧!

孩子们,崔老师来了!

爱心梦想由此开始,第一个"吃螃蟹"的人是我

凌晨五点半,伴着催魂的闹铃从床上爬起。东北的早晨已是寒气逼人,久违的哈气在眼前飞舞。吃过早餐我们于6点40分乘坐"面的"到达乔营子村平安希望小学。按照传统,我们站在校门口进行晨迎,从四面八方赶来的同学们向我们问好。幼小的孩童背着大大的书包,一声声"老师好"在温暖的阳光下沁入心房,此时此景,有一种动力使我满怀激情开始今天的教学。

为了准备今天的课程,自接到通知起我便开始了漫长的准备过程,从自费批量购置口琴,到秉烛撰写教案,从购买全套小学音乐书,到不畏远途携带口风琴。我的支教之行还得到了单位领导和同事的大力支持和殷切关怀。可以说,当我走进这所学校,我满怀信心,终将圆梦。

初见学校

学校的老师大都住在城里,每天稍晚于学生乘班车从市里赶来。与众位老师简单寒暄后,我们首先旁听了一堂音乐示范课,授课班级为二年级一个班。上课的老师是多面手,不仅教音乐还能教其他课程。她用雅马哈的电子琴,通过节奏型的演示,一句句地试唱,将《数鸭子》《小红帽》教得甚是不错。最开始简单发声练习虽显程式化,但调动孩子们的情绪也颇有意义。在演唱《小红帽》歌曲时,老师从故事入手,吸引大家注意力,并通过故事衍生的哲理,告诉低年级同学该如何对待陌生人。通过分组唱、男女唱以及

个别同学领唱，40分钟时间很快度过，简单的示范课让我相信，乡村小学的老师还是很有水平的。

抄完课表，发现校方把所有的音乐、美术和活动课都给了我们。这些副科平时也是时而有老师上，时而自习，由于师资有限，许多老师身兼数课，因此大多时候这些课总是被遗忘的角落。我们的到来将这些课撑了起来，孩子们自然是喜出望外，而对于我们仅有的5名志愿者，每天近10节课的工作量，也是一个不小的考验。

在学生情况上，除一年级有两个班，其他年级各有一个班，人数大都在30人左右。俗话说："光说不练嘴把式。"上午第三节就是一节美术课，由于大家还没有进入状态，于是我自告奋勇，做第一个"吃螃蟹"的人，由我来教四年级的美术课。

第一个"吃螃蟹"成功

螃蟹是好吃的，但是要有工具并且熟练使用工具，要不然不仅吃不好螃蟹，还可能被螃蟹夹到手。我很庆幸自己对于小学生的沟通有一定的技巧，加上之前会画上几笔机器猫，一节课顺利完成显然不是问题。

在我之前的上一批志愿者中，有一位美女——安老师，同学们都很爱戴她。来之前安老师特意和我说，曾经给这个班的孩子留了画画作业"当我变小了"，让我来看看大家的完成情况。虽然大家没有带来完成的作品，我还

是将安老师的祝福送给了大家。于是，我借助安老师的美誉，开始了与同学们的顺畅交流。

一节课时间把握得非常完美，特别感谢我的同伴到场为我加油助威，给了我很多的自信。四年级同学们课堂纪律井然，绘画热情高涨，机器猫的画法很快掌握，在下课铃打响之前，我留了今天的美术作业——我心目中的安老师与机器猫……

崔老师大战一年级众魔王

当崔老师沉浸在首战告捷的喜悦中，在他熟知的音乐领域有几个魔王等待着他的到来。来之前就听上一批志愿者提及，一年级乃本校极品年级，其中一年级2班的某些同学尤为强大，崔老师虽略有准备，但事实还是让他捉襟见肘。

下午第一节是一年级1班的课，在破旧的教室里，课桌黑板都极其简陋。刚刚和老师借的电子琴没有了电源，于是万分郁闷之时，自带的口风琴发挥了不可替代的作用。面对刚刚从学前班升上来的小朋友，吸引他们的注意力

远远比唱准音更重要。很惊喜同学们有一年级的音乐书，虽需要两个人看一本，但有谱子，有歌词，也算是非常知足了。于是，放弃之前准备的《上学歌》，从音阶视唱开始，向《国旗国旗真美丽》前进！

实话说，对于一年级的孩子，他们虽然能够认出1234567，但对于音准的概念根本没有。我在黑

板上画了台阶示意图,告诉他们音高是不同的,我边唱边站起改变自己的身高,告诉他们下一个音该如何演唱。

　　在授课中,孩子们的注意力始终很集中,通过按节奏朗读歌词,他们有了节奏的概念,为后面的正式演唱奠定了基础。正当一切按照我的计划进行时,意料之中的一幕发生,"魔王一号"出现,一个坐在中间第二排的蓝衣男孩总是撕扯、推搡他的同桌绿衣男孩。我迅速调出之前志愿者提供的"情报",绿衣男孩因为反应迟缓被老师认为是弱智,同学们总是欺负他,而"魔王一号"即蓝衣男孩,自上课以来一直在做数学题,丝毫不"鸟"我。鉴于这种情况,我把蓝衣男孩请到了台上,让他带领全班同学朗读歌词,并演唱歌曲。我用眼神告诉绿衣男孩,你是最棒的;我跷起大拇指,告诉他唱得很好。虽然他依然的表情木讷,但我惊喜地发现他与我有互动,虽然跟不上节奏,但他在努力。后来,"魔王一号"回到座位后依然不"鸟"我,但再也没有去欺负绿衣男孩。全班终于在我的排练下,来到讲台上唱出了那首

《国旗国旗真美丽》,我边吹口风琴,边指挥着大家,虽然音准不是很好,但能感到这些孩子慢慢在一起融合。

夹着口风琴和教案,回到办公室喝水,刚才的一幕始终在我脑中浮现,一年级确实很难把握,而"魔王"的出现更让我有些伤神不已。同学们在路上碰到我,和我打招呼,本校的老师也向我投来了友善的问候,似乎一种职业感由此而生。正当这种小自豪略有抬头,紧接着的一节课,让我现在都缓不过劲儿来。

一年级2班,传说中支教老师的痛,就因为一名同学——"魔王二号",全班同学纪律极差,原本破旧的教室总是形成不了良好的学风。究竟"魔王二号"何许人也?请听我慢慢道来。为突出音乐课的艺术性,培养低年级学生的综合素养,我将原先的上课、起立问候,改成了音乐版本。即12345—|15|63|54321—‖(学音乐的意会哈),歌词为:同学们好,您好,您好,老师您好。挺好的一个创意,在一年级1班推行得很是顺畅,可当同样的问候出现在2班时,我发现一个凌厉的声音打破了原有的秩序。是他!是他!"魔王二号"!他活跃的精力犹如滔滔江水,他跳跃的思维让他满屋乱窜。你说一句,他顶10句,你想讲理,他毫无逻辑。更受不了的是,他没事就抱住同桌女同学,狂亲,高声叫喊着:我俩结婚!睡觉!!怎么办?怎么办?崔老师的音乐课难道就要毁于他手?

崔老师转过身去,深吸了一口气,静静在黑板上写下了几个字。他根据座位情况分了三个小组，进行排名打分，想通过同学们的集体荣誉感，抑制"魔王二号"的疯狂。可是，任何诫勉谈话、威逼利诱对于"魔王二号"没有任何作用，他高叫着、乱跳着，毅然与崔老师死磕。崔老师突然微微一笑，露出诡异的笑容，他将那个无奈的小女孩请到了讲台边上的座位，然后从兜中拿出了口琴，走到了"魔王二号"的身后，开始边吹边带着其他的同学唱歌。很显然同学们的注意力被崔老师吸引了，"魔王二号"发现自己不给力了，便开始拿出饮料瓶，在屋里洒水，号叫……崔老师带着同学们一起唱，一起做动作，用沉默和同学们的守纪与"魔王二号"进行博弈。慢慢地，"魔王二号"在用手捶了崔老师几下后，没有了昔日的雄风，同学们也开始维护"正义"，让他回座位好好坐着。崔老师表情依然严肃但内心荡漾出胜利的微笑，欲擒故纵还是有效果的。对于这样用各种诡异方法吸引大家关注的孩子，我们应该多多给予引导，对于课堂这样的场所，我们还是要保证大多数孩子的教学。带着对这个孩子负责的心态，我们全体成员在办公室约见了正好来开家长会的"魔王二号"的妈妈。

通过简短的交流，对于这个孩子我们还是没有找到更好的办法。有一点可以肯定，他的妈妈有了第二个孩子后，对他的关注必然减少，而这样性格的孩子自然是缺乏认同感。所以，他开始每天乱跑，自己按自己的方式去生活，这种放任自流和家长的不重视，必然造成孩子成长的烦恼。作为一名旁观者，这种爱莫能助真的好难受。

带着这份沉重，一天三节课的劳累让我有些吃不消，嗓子有些沙哑，坐在回宾馆的车上，困顿中慢慢地睡去。这就是第一天的经历，这就是我的感悟。对于身处一线的老师，我真的想说上一句：老师您辛苦了。也许自己也是当年的"魔王三号"，也许自己也是绿衣男孩，但无论如何，我希望用我的爱，为这里的孩子点亮一盏希望的明灯。

明天加油！

口琴声声传校园,爱心炽热暖心间

■ 崔超

9月20日,晚19点20分。我拖着疲惫的身体在住所附近的小店吃过晚饭,泡上两件衣服,利用洗衣粉肃清尘土的时间,写下今天的支教感受。酸痛的颈椎,提不起精神的双眼真实反映着一天工作的强度。5个人从早到晚足足上了9节课,这是一个可观的数字。面对不同年级的学生,支教志愿者在音乐、美术、综合活动等多个方面,尽心尽力、最大限度地将自己精心准备的知识传授给学生。不大的校园里时常闪现出几个身着红色外套,精神焕发的年轻人。每当走过同学们身旁,同学们都会热情地向他们问好,这种职业感可以驱散他们所有的劳累,而这其中的奥秘正是那颗充满了爱的心。

今天是正式支教的第二天,阳光明媚但早晨依然寒冷,我们一行5人按照惯例在校门前晨迎。与昨天不同的是,大家少了许多的迷茫,面对入校的孩子,更多了许多的熟识。经过昨天一天的体验、试讲,各位志愿者对于教案都有了调整,对于即将迎来的课程也多了许多的自信。在临时办公室里,大家利用一切时间细心准备教案、课件,通过集体讨论,了解各班的具体情况。如果说第一天是试飞,那么今天便是翱翔。

口琴声声传校园,爱心炽热暖心间

在我到达东北之前,自行购置的24把口琴和由我编辑的深发展北京分行行刊《发展新视野》已到达这里。今天我将把这些远道而来的物品,分发给这里的孩子。

上午第三节是六年级的音乐课。当我抱着一箱子口琴走进教室,同学们投来了期待的目光。为了保证教学质量,我针对口琴课进行了充分的准备。利用课间休息时间,我将口琴的一个八度的音阶图和《两只老虎》的谱子抄写在了黑板上。

当上课铃声响起,依然是极具崔老师特色的对唱问好方式,随后我将口琴分发给了大家。孩子们见到崭新的口琴,自然是爱不释手,很难想象六年级的同学,居然没有接触过。我庆幸自己带给他们惊喜的同时,不由为中国的艺术教育感到悲哀。

在课上,我将口琴的发声原理、规格调式、拿琴方法和保养要素进行了详细说明,并结合口琴的音阶图进行现场演示。在我的指导下,同学们开始有秩序地吹奏起来。

六年级的孩子,现场纪律非常好。排练过器乐合奏的同志们都知道,一旦进行分排时,休息的人总是会自己练习和演奏,以

至于发出令人懊恼的声音。而这些孩子在我给别人辅导的时候,都在认真地听讲,丝毫没有破坏和谐环境的行为,这种服从命令听指挥的作风,让我很是感动。排练的一开始我就和同学们说,音乐是有生命的,我们要用最美的

心灵奏出最美的旋律,音准、节奏,我们一个都不能少。

当1234567的音阶在教室奏响,当一个个认真的眼神穿过破旧的教室,我的心为之激动,音乐在此时成为传递感情的最好载体。虽然大家还不能准确掌握曲目的演奏,但我相信只要认真练习,同学们是可以演奏出一首又一首动听的乐曲的。六年级有25个同学,由于特殊原因,我此次来只带来了24把口琴,因此苦了班长小姑娘,当大家拿琴演奏的时候,她只能在旁边观摩了。虽然她表示理解,但从她的渴望的眼神中,我还是觉得脸上火辣辣的,

我答应她明天一上课我就把在这里购买的口琴给她送去。就在吃饭完后，我很高兴买到了口琴，答应人家的事，一定要做到！

《送别》悠扬音由心生，深发展行刊传递真情

上午六年级的口琴课非常成功，从在校老师的目光中我感到了一种成就感。我恨不得将自己永远留在这所小学，用自己的激情和汗水，去谱写艺术教育的宏伟篇章。下午第二节是五年级的音乐课，我拿着笔记本电脑、口风琴和30本行刊，走入了五年级的教室。

五年级同学显然要比六年级同学热情，但令我震惊的是，大家居然不会识谱。起初我是想尝试在这些孩子中进行两个声部的排练，争取在1~2节课的时间内，唱出优美的和声；可是当我面对大家充满激情又爆炸式的音色时，我开始尝试通过讲解歌词背景和亲自试唱，教会孩子如何去歌唱，如何通过强弱对比表现音乐。

"长亭外，古道边，芳草碧连天……"《送别》的歌词描写美景，更抒发离愁。在我的现场试唱下，全班鸦雀无声，我尽力去启发孩子对于离愁的感悟，五年级的同学非常好地理解了那种意境，能感到他们内心的律动在随着歌曲变化。在后来的练习中，我通过座位分组唱、男女分组唱和领唱等方式，一句句地带着大家唱着、感悟着。在下课铃打响前，我听到了久违的纯净的音乐，这歌声没有浮躁，是由心里发出的天籁之声。

课程最后，为扩展同学们视野，我将远道邮寄而来的深发展北京分行行刊《发展新视野》送给了同学们，希望他们能够

通过这份银行员工刊物,体会大城市的生活,也借此机会送上远在北京的深发展银行办公室领导和员工的祝愿。

深入"魔王一号"家中,探访特殊学生情况

相信大家对昨天文中提到的"魔王一号""魔王二号"印象深刻。因昨天在学校偶遇"魔王二号"的妈妈,对其情况已进行了了解,因此,今天特意请示学校领导,一行5人亲赴"魔王一号"家中探访,试图从孩子家中了解孩子性格怪异的根基。

放学后,我们乘坐的"面奔"跟着孩子妈妈的电动车,走过蜿蜒的黄土路,来到了他的家中。布满杂物的院子、狂吠的大狗,以及西屋养鸡场散发的味道是农村特有的符号。

当我们走进正屋,发现屋中电器设备齐全,物件摆放整齐,左侧房屋有电脑桌和19英寸显示器,右侧屋中是小孩子学习的房间,干净整齐的炕席,桌上摆放的法律和计算机书籍告诉我们女主人是一个文化人。从孩子妈妈和奶奶的讲述中我们得知,这个孩子自小就热爱学习,从他父亲和爷爷开始就都是文化人,他们自小就学习出色,从爷爷生前的墨宝可以看出,这是一个书香门第。

"魔王一号"一进门便开始写

作业，任凭我们如何与他说话，依然不"鸟"我们，我们便和他的妈妈、奶奶聊天。小孩子在学前班就找了附近退休的老师补课，早在一年前相当于二年级的知识他基本已经掌握，但由于年龄问题，不得不在一年级读书，而天资聪慧的他自然是不能闲下来。突然，我找到了他上课欺负绿衣同学的症结：一个天资聪慧的孩子，在七八岁的年龄，每天去学习他早已掌握的知识，本就是一种禁锢；他超强的精力无地去释放，也就转向了班中的同学。他与"魔王二号"不同，他非常有眼力见儿，他一定是摆出一份不"鸟"你的表情，而底下悄悄行动。这本就是一种智商的体现。说到这里，基本找到他欺负同学、恶作剧的根基，也由此产生了一种思考。

聪明且精力旺盛的孩子如果没有正确的引导，他会影响班中其他孩子的学习，与此同时还会养成很多不好的学习、生活习惯。真的不希望这个孩子和他爸爸一样，虽然很聪明成绩很好，但由于和别人打架就荒废了学业。因此，我们必须做到，培养学生的成长，评价学生的好坏，不能仅仅从成绩下定论。对于家庭条件较好，学习成绩优秀，但性格孤僻的学生，老师同样要多多给予关注，确保将他的聪明才智用到正确的地方。

离开"魔王一号"家中时，同行的志愿者问他最喜欢什么课，万万没有想到，他居然说，最喜欢音乐课，而且是崔老师上的……我当时不知道是开

心还是郁闷,同时我也庆幸当时应对"魔王一号"的时候,方法合理,既保护了绿衣少年不被欺负,也给"魔王一号"留足了面子。

  一天就这样过去了,如我所愿,悠扬的口琴声在校园飘荡,用心唱歌的尝试初见成效。祖国农村变化日新月异,新时期的我们应该亲身洞察社会的变化。让我们昂首阔步去迎接明天更大的挑战吧!

沉淀、求索

■ 崔超

9月21日，支教上课第三天。

当我再次走入六年级的教室，同学们爆发出雷鸣般的掌声，从大家期盼的眼神中，我知道音乐已经在他们心中生根发芽。仅仅一天的时间，同学们用口琴吹奏出的旋律，让我相信兴趣是最好的老师，也更坚定我为艺术教育奉献的坚定决心。记得一位老师曾经说过，搞器乐的老师喜欢勤奋的孩子，搞声乐的老师喜欢聪明的孩子；也就是说，器乐需要不断的练习才能成就台上的一分钟，而声乐的孩子更注重天赋，只要具备方法和位置，更容易取得成绩。当我看到这些孩子，我为他们取得的进步感到由衷的高兴，同时也为他们刚刚接触口琴演奏而感到惋惜。就拿我自己举例，我六年级的时候用口琴已经可以吹奏多首快节奏、跨音区的经典曲目了，如果这些孩子能够从小练习，我相信他们中一定会出现音乐天才。作为学生总是嫌上课时间过于漫长，而当你兴趣盎然，40分钟又让你觉得不够用。当下课铃响起，同学们又是一声叹息，而我更是没有感到任何的疲倦。用我们同行志愿者的描述：崔老师上课就像打了鸡血似的，总是激情四射。其实于我个人来讲，毕竟不是十八九岁了，上一节音乐课下来连唱带吹兼指挥，总免不了疲惫，但每当我见到孩子们求知的眼神，听到教室里响起动人的乐声，我都感到一切疲惫都是浮云，我没有理由不为孩子们奉献一切。

人们说教师最幸福的时刻就是收获的时节。走在校园里同学们一个个向你问好，那是一种心灵的慰藉；在今天下课后，同学们送给我的自制小礼物更是让我为之动容。六年级的班长小姑娘送给我一张自制的贺卡，上面有精心叠制的蝴蝶结，有用线穿珠子组成的文字，更有充满创意的彩色桃心；另一位小女孩送给我一张精美自制贺卡，外加一张让我哭笑不得的小纸条：老师，我觉得您有点像我大舅哦！但我大舅没您幽默。收到这些礼物，我感慨良多，千言万语一句话：我愿为这些孩子奉献青春。

二年级的课如期而至，我来不及休息，将同学们送的礼物放到办公室，

拿起口风琴奔向二年级教室。简单自我介绍后，崔老师威严的脸孔铸就了良好的课堂气氛，激情欢乐的教学方法让二年级的同学们迅速地掌握了歌曲《虫儿飞》的演唱。一句句歌词的诵读排除了陌生字的疑问，一句句高亢的范唱，让同学们 迅速地掌握了旋律。当歌曲的旋律响彻教室，我吹着口风琴沉醉在孩子们嘹亮、纯净的歌声中，久久不愿离去。

来到学校支教已经三天了，破旧的桌椅板凳，满是黄土的操场，味道浓郁的旱厕以及露天水泥的乒乓球台给我留下了深刻的印象。

虽然条件简陋，但孩子们对待生活的态度丝毫没有减弱，大家快乐地生活在学校里。每逢下课大家便会从教室飞奔而出，有的踢毽子，有的跳皮筋，有的丢沙包，有的打乒乓球。每当老师走过乒乓球台，便会有同学喊你去和他们过招。这里的规则很简单，打三个球一换人。可老师的加入让孩子们异常地高兴，以至于规则变为：老师不变，同学们三个球一换。这样的目的很简单，就是能和老师过招。我也喜欢打乒乓球，因此很喜欢和同学们一起切磋。这些同学的球拍很破旧，有的甚至是"光板"，但每次我手里用的球拍都是双面的橡胶，同学们把最好的球拍借给了老师。由于没有受过专业的训练，这里的同学技术都不是太过硬，即使是打得不错的高年级学生，面对多变化的旋转球和削球也显得捉襟见肘，但是当你向他们传授技艺的时候，便会有许多同学一起旁听，并很快在接下来的对抗中有所改进。看着同学们一点点的进步，我同样感到了莫名的欣慰。

　　由于学校没有食堂，同学们吃饭有两种方式：一种是离家近的由家长接回家吃；另一些离家远的同学，便是自己在校门口外买上两个包子，当作自己的午餐。看着这些拿着包子吃的孩子，我心里总是有一种说不出的难受。老师的吃饭条件也好不到哪里，在不到20平方米的小平房里，没有坐的地方，大家围着破旧课桌拼凑的食台，从两个大盆里夹着很少荤腥的一个菜。这些饭菜的制作都是由学校的老师亲手完成的，各位老师每天轮流在大锅台进行烹饪，而这个做饭的地方，却是看守学校的住户的厨房。由于学校水源

有限,每天刷饭盒只有从电井打来的冷水和茶炉中滚烫的开水,而刷碗水也没有下水道,直接便倒在了门前的地上。吃饭的时候,苍蝇在头上盘旋,熏黑的墙壁透射着厨房的印记。即使是这样,仅仅的一道菜我们吃起来也是喷香喷香,来到这里吃什么已然不重要,重要的是我们有比吃饭更重要的事情去做。

　　几天的支教体验,让我略显疲惫,但精神层面的收获,是我一生最宝贵的财富。渐渐地我已掌握了各年级同学的特点,在剩下的时间里,我会满怀激情,为同学们带来更多的知识,让最美的音乐响彻乔营子平安希望小学!加油!

带病坚持传道授业，酒意重温美好回忆

■ 崔超

9月22日，星期四。伴着微微的酒意，沐浴更衣听着古琴的吟唱，写下今天的收获与感悟。感冒了，非常的难受，天天打鸡血一般地授课，外加干燥寒冷的天气，让我的嗓子异常不适，每天晚睡早起的生活规律更是让我徘徊在感冒的边缘。

今天上了两节课，分别为三年级和五年级的音乐课。除了三年级是我第一次给上课，其他年级都已经走过一圈了。我站在讲台上，仍然是异常的激情四射，良好课堂教学的同时，更多了几分游刃自如。三年级的同学思维异常活跃，上课都会争先回答你提出的问题。但不举手就回答的毛病还是时而影响着课堂纪律。但当你学会"擒贼先擒王"，法办"带头大哥"的时候，许多问题也就不会存在了。三年级有一个小帅哥留着贝克汉姆式的发型，鬼灵鬼灵的。他作为班干部，总是带着两三个小男孩坐在教室的前排，为老师"指点迷津"。当我发现了这个特点后，我有针对性地让"小贝克汉姆"上讲台做演唱的示范，并演示唱歌正确的站姿。很显然，"小贝克汉姆"很快跟着我的思路走，班中的纪律也越发得良好。今天教授三年级的是《大海啊故乡》的演唱，很显然，意境描述教学法很受孩子们的欢迎和认可，在歌曲演唱前播放原版录音，并由崔老师亲自示范演唱，慢慢地，孩子们的音准渐渐好转，简单站姿和唱法的点播、歌曲强弱的对比，更让这首歌曲迸发出令

人心怡的童声。

五年级的课程是临时加上的，虽没有特别准备，但凭借来之前的精心筹备，顺利完成一节课是没有任何问题的。令我没有想到的是，五年级的同学通过我的授课，对简单节奏、节拍有了初步的掌握，通过带领大家试唱节奏型、用手拍击节奏，使大家对相对枯燥的音乐乐理有了认知。从大家的反馈来看，这样的尝试还是值得借鉴的。

早上晨迎的时候，有一个六年级的小女孩，边走边吹奏我教的口琴曲，这种认真、执着的精神令我动容。据学校老师和同行志愿者反馈，六年级同学自开展了口琴课后，大家都非常喜欢吹奏口琴，课间教室、田间地头都会飘着优美的琴声，有些个别同学已经可以吹奏整首的曲子了。所以说，音乐是有生命的，如果有机会我希望向所有年级的同学教授口琴演奏。

说到此次支教行动，我们一部分工作是授课，另一部分便是学生家访。从约见调皮捣蛋的"魔王二号"的母亲开始，第三批支教人员共开展学生家访活动四次，从家徒四壁的守校住家女孩到家境丰裕调皮捣蛋的"魔王一号"，我们对凌源地区小城子镇乔营子村的学生家庭情况有了一定了解。其

间，支教志愿者穿过一片片如人高的苞米地，掩鼻走过恶臭无比的牛粪堆和猪粪水沟，爬上陡峭的黄土坡，奔走于极具农村风格的乡村街道。实地的走访让我们知道：农村家庭是存在相对的贫富差距的，农村的孩子所涉猎知晓的知识和信息不比城市孩子少，许多农村的家庭由于农忙，对孩子的教育总是不很重视。因此，要想改变孩子们的命运，仅通过学校的教育是远远不够的，只有学校、家长实现互通共管，孩子的未来才能实现腾飞。

来到东北一周时间了，我发现这里的人们是如此得热情好客，饭店吃饭都是大盘足量，主人招待客人也都是喝酒到吐。当我们身着支教志愿者的衣服走在市区、超市和田间地头，大家都会向我们投来赞许的目光。这是一种信任，更是一份鞭策，我们要做的不仅仅是10天的支教，更是一生为公益事业、为教育事业付出点滴的承诺。

文章最后，酒意已散。收拾起行囊，为了明天最后的战斗尽心尽力，争取为此次支教活动画上圆满的句号，加油！

问君此去几时还,遥望千里别梦寒

■ 崔超

"长亭外,古道边,芳草碧连天。晚风拂柳笛声残,夕阳山外山。"这几句歌词是《送别》当中的经典。当我被孩子们簇拥着最后回望这所学校的时候,任凭孩子们怎么要求,我却怎么也唱不出这首歌。

今天是我们第三批志愿者支教的最后一天,也许是被重感冒所扰,抑或是内心深处的惦念,我昨晚几近于失眠,期待却又害怕这一天的到来。走在校园里,略带寒意的秋风拂过脸庞,往日湛蓝的天空多了几片如棉的白云。我围着黄土操场走着,思索着,回忆着。

五天年假时间如果去旅游,那是一种放松,当我归来时除了相机中的美景恐怕什么都不会留下。五天的时间,我选择了支教,选择了到祖国困难的地方奉献爱心,当我离开的时候,我的相机中不仅

留下了感人的照片，我的内心深处更经历了一次历练与洗礼。

我们生活在城市，每日因案牍而劳形，功名利禄总是侵袭着我们的大脑，回望每天的生活，我们往返于水泥建筑之间，徘徊于尾气噪声之中，渐渐地，人与人之间慢慢疏远，冥冥之中，我们将自己困在了心结中。

当你脱下西装衬衫，穿上志愿者的运动服，当你离开办公桌，站在庄严的讲台之上，你便会感到原来生活可以更美的。这里的人们质朴友善，这里的学生天真可爱，这里的山水伟岸清澈，这里的气息祥和博爱。每天早上的晨迎虽然寒气逼人，但沐浴在朝阳下迎接如朝阳一般的同学是一种幸福；每天课间陪同学们一起丢沙包、踢毽子、打乒乓球是一种幸福；每天晚上秉烛夜读准备教案，为同学们送上一节节有趣的课程，是一种幸福；今天当你就要离开，收到同学们的自制小礼物是一种幸福。

老师，小学老师，乡村小学老师，他们如同一棵棵参天的大树，在不为人知的地方，用自己的一双臂膀托起了未来的希望，他们用毕生的精力，为祖国铺下了一片片生机盎然的绿色。当我离开这里的时候，我在思考老师的未来会是怎样；当我翻看照片的时候，我开始期待这里的孩子可以成为祖国的栋梁。

也许有一天这些孩子会想起崔老师留下的足迹，也许有一天孩子们会吹起崔老师赠送的口琴，但无论怎样，崔老师始终相信：孩子们的未来可以比崔老师更加美丽。

再见了，乔营子平安希望小学，再见了，我的学生们。

02

重庆涪陵再相逢
家访途中老泪流

这里的音乐最动听

■ 崔超

又是一年支教时,又是一次心灵的洗礼。从东北黑土地到川渝山水间,从普通志愿者到小队负责人,当我再次站到讲台之上,变化的是同学们稚气的脸庞,不变的是同学们纯真的笑容。

与上次支教相比,这里的同学们是幸福的。他们有明净的教室,有营养的午餐,甚至还有先进的多媒体设备。我不必背着口风琴满校园跑,电子琴的配备让我可以自弹自唱。

五年级3班,我今天授课的班级。虽然已经是下午,可同学们却异常活跃。上课的内容是指挥手势和基本节奏练习。事实证明,高效能的一节课需要三个条件:专业的老师,充分的准备和聪慧的学生。

在同学们的配合

下,看似枯燥无味的一节课有序、欢乐地进行着。通过充分调动班中气氛,同学们迅速掌握了指挥手势,并跟随着《卡门序曲》的激昂旋律有模有样指挥着。

临近下课,我用2分钟时间带着同学们对学到的节奏型进行了复习,4分音符、8分音符、16分音符,同学们掌握得非常好,以至于他们在理解指挥手势的时候非常轻松。

下课时,音乐课袁老师恰巧从门前走过,见到五年级3班同学们高涨的学习态度,漂亮的指挥手势,不由对我称赞,说我上课有经验,可以充分调动同学们的热情。而我心中涌上一份感动,正如我对袁老师所说:"感谢您为孩子们艺术教育方面的付出,正因为有您的辛勤耕耘,我今天的授课才能如此轻松。"

艺术教育是一项艰苦之路,也许不会有人记得基层音乐老师的付出,没人会在乎同学

们的艺术天赋,虽然同学们的音乐课有时甚至是每周一节,但是,只要肯付出,就会有收获。音乐可以点亮希望的明灯,歌声可以传递幸福的火焰。

通过今天的课程,不可能所有的同学都成为指挥家,但我坚信,有艺术的熏陶,同学们的未来一定会更加丰富多彩。

志愿者说 ZHIYUANZHE SHUO

忐忑
- 霍强 -

阴雨蒙蒙地开始了第一天,清晨7点我们就集合准备去支教的学校。通过副校长的带领及讲解,教学条件没有想象的那么差,那真是孩子们的福气。对我来说毕竟第一次这样正儿八经地上台讲课,心里不免还是有些紧张。我想要的不是一场秀,不是一场优越感的表演,更不是一出烂熟的同情肥皂剧。我始终觉得自己仍是个孩子,毕业工作后,在这浮华的社会中,迷失了自己,我想通过这些纯真的孩子的眼神,找回自己的热情。

第一堂课只能用一首神曲来形容——"忐忑"。但同学们那种天真热情的眼神,还是深深地触动了我,我相信明天我会做得更好,继续期待。

专注为明天

— 刘言 —

我支教的目的有三：一是找个吃苦的机会，感受和历练一下；二是把自己的热情、知识传递给山里的孩子们；三是通过镜头和微博将我们不熟悉的希望小学的情况传播出去，让更多的人关注。

周围的同事们得知我去支教，自费买了很多的学习用品，书包、笔袋、田格本……100多公斤重的东西随我们走在山城重庆的街道，走在沪渝高速的路旁，把他们的爱心带给孩子们。

这几年，镇里发展得不错，一些家庭已经渐渐富了起来，当然这富有的程度绝不可与城市相比。在一所1600人的小学校里，通过学校自身的努力和平安集团的援建，学生的学习条件大幅好转，不再是想象中希望小学的石块教室、破旧课桌的样子。不穷不苦，对孩子们的教育当然是好事，我们此行最大的意义就是把外面世界的美好告诉他们，鼓励他们努力和坚持，走出山区，到更广阔的天地中展示自己奉献自己。一些希望小学需要的已经不再是捐款捐物，而是知识的输入、见识的输入，作为北京平安人，我们，责无旁贷。

七色光下的笑声

■ 崔超

下课铃响了,同学们从各个班级飞奔出教室,刚刚还空无一人的操场瞬间成为同学们嬉戏的天堂。俗话说环境可以改变人,当你看到满眼的孩子在操场上奔跑,你全身的细胞都会瞬间被激活,于是,你便成为他们中的一员。

每逢下课,学校仅有的5个乒乓球台前都会密密麻麻地挤满了同学,他们大都用近乎"光板"的球拍进行着激烈的对抗。比赛规则与北方不同,胜利

者输三球下，挑战者输一个便换人，于是便出现了你方唱罢我登场的车轮战场面。

在我加入后，乒乓球台瞬间成为人最多的地方。里三层、外三层围满了同学，大家簇拥着、欢笑着，满眼都是一张张笑脸，以至打球都无法进行。每次打球同学们都抢着和老师过招，球打飞了你还没来得及去捡，桌子下的低年级同学便会把球送到你的手上，同时伴着一个灿烂的微笑。那微笑是如此的纯净，眯起的小眼睛，参差不齐的小牙齿，都会让你心中暖暖的。

当你离开球台后，后面的小同学会抱着你的腿，会拽着你的衣角，于是在操场上出现了以崔老师为首的"长龙"，同学们一个拉一个，在操场上蜿蜒行走。当我回头时，发现足足有70多人。因为怕有安全问题，我让同学们散开，但是，那基本是不可能的，人不但没有减少，反而越来越多。好在校园课间活动时都有很多安全保卫的老师，在向他们求助后，我顺利

"脱身"。

重庆这几天没有阳光,一直都是似阴似晴的天气。但有七色的光彩在我们身边,伴着孩子们的笑容、笑声,让我们温暖。志愿者炽热的心是红色的,热情而无私;平安大家庭的情是橙色的,团结而友善;熬夜备课的灯是黄色的,虽然微弱但充满激情;学校里的小树是绿色的,虽然不高却生机盎然。

志愿者说 ZHIYUANZHE SHUO

不仅是物质的援助,更需要精神的关爱

- 霍强 -

经过半天的准备,我再次走进了教室。当我说上数学课时,孩子们期待的眼神暗了一半,但我还是要带给他们一堂不同以往的数学课。我明白,孩子们更希望我陪着他们唱唱歌,做点手工,讲讲见闻等等,山里的孩子,虽然经过几次援建,物质条件已经有了大幅提升,但他们的见识及教学以外的条件仍然是相当匮乏的。老师也大多是中年人,几乎没有35以下的年轻人来这当老师。孩子们对主课的认真程度明显好于昨天的音乐课,让我渐渐地找到了教书的感觉。

老师是一份需要热情的职业,要融入孩子中,跟他们一起舞动,你要比他们更热情,更朝气,才能带领引导他们。积极的举手、提问、计算,一堂课后我仿佛又看到自己当年的影子。但教授这节课时,我也感到了明显的问题:反应快的孩子,当我念完题目时,就已经能把答案心算出来了,而反应稍慢的孩子可能还听不明白。一开始我请举手的孩子回答问题,基本答对,感觉良好;后来我就找不举手的孩子回答问题,很多都答不上,感觉不好。可见老师的教授方法是多么重要。城区

的小学基本已是30人一班的小班教学,然而对于乡村小学,由于师资校舍的缺乏,一个班级往往都是60到70人的大班,可以体会老师要照顾各种学生的接受程度是有多么困难了。

孩子们,消防知识请你一定要记得!

— 刘言 —

说说我今天讲的课程吧。我今天利用自己的总结的小学生消防安全知识和网购的安全标志卡片为孩子们上了一堂生动的消防安全和安全标志学习课。课程从认识各种安全标志开始,安全出口、小心辐射、注意信号灯、人行横道、消防栓等40多个安全标志,我们采取抢答的方式开始,对于主动回答问题的同学,我以同事们委托我带过来的小文具作为奖励,课堂气氛相当热烈。后半节课,我按照PPT准备的内容,对防火、自救进行讲解。

孩子们认真的态度打动了我,这让我仿佛不像在教书,而是苦口婆心地告诉孩子们:衣服着火要脱掉衣服或在地上打滚,没有了空气便会灭火;遇到浓烟时不要慌张,浓烟是向上飘浮的,所以我们要弄湿衣服捂住口鼻匍匐前进;无法看清路时一定要扶墙靠边前进,因为消防队员也是靠墙行走,只有这样他才会发现你救助你……我讲的内容在下课前对大家进行提问,效果很好。

课后,我根本不想从教室离开,我感觉我就是他们的哥哥,总觉得他们不知道什么时候才能记住这些知识,不知是否还有人能再教给他们消防自救知识,"千万不要遇到火灾,如果遇到一定要记得刘老师教给你们的,保住一条性命。"想再多,我的能力,也只有这五天。PPT和安全卡我已经留给学校,希望更多的孩子能够掌握这些知识并且健康成长。

让阳光照进我们的心房

■ 崔超

经过数日的阴霾,今天我们迎来了久违的阳光,那水墨色的校园在阳光的照射下迸发出鲜艳的光彩。同学们也第一次走出了教室,进行了一次集体课间操。

站在教学楼三层的过道俯视操场，同学们跟随着主席台上的同学做着动作，整齐、标准。阳光撒过头顶，同学们如同跃动的精灵，在这如画的校园，舒展筋骨、蹦蹦跳跳。

三天来，来自各方面的声音支撑着我们将奉献进行到底。每天熬夜制作的《北京分行工作简讯·特刊》得到了分支行同事的积极响应；随时更新的支教微博得到了广大网友和官方微博的评论和转发；来自集团、总分行领导的肯定和祝福，让每一位志愿者备感欣慰。

三天来，分行志愿者用激情传递知识，每天深夜他们在备课之后，用文字记录点滴，让更多的人关注到活动中来。就如同青少年发展基金会王旭东老师转发分行支教活动微博时所说，"音乐，改变生活、影响未来！我们的志愿行动越来越有质感了。"这份质感来自认真的准备、生动的传授，这份质感更来自志愿者专业的知识和无私的奉献。

在我们的团队中，不仅是青春风采的闪现，更是团队协作的典范。4位志愿者在极短的时间内迅速融合，根据自身特长对相关工作进行分工，有效保障了支教活动的顺利进行。在完成了一项又一项教学工作后，我们倍感这份友谊的珍贵；在为了同一个目标并肩前行的时候，我们深感志愿者精神的崇高和伟大。

听刘言老师说，分行同事非常关心我们此次的支教活动，不仅捐赠了许多文具用品，更有同事将我们连夜赶制的"特刊"拷贝回家，让孩子们学习和感受这里的一切。我们相信，这份爱是可以传递的，相信会有更多的人了解希望小学的故事，从而加入公益事业建设的行列中来。

只有站到讲台之上才能理解教师的崇高，只有来到孩子中间才能体会教育的重要。阳光下的奔跑，拥抱风的气息；风雨中的历练，体味人生的味道。

来吧，让我们继续关注，分行志愿者更加精彩报道。

志愿者说 ZHIYUANZHE SHUO

千纸鹤的梦想

- 霍强 -

支教第三天,现在的我已经能顺利地融入孩子们了,不再紧张忐忑。今天我要带给他们的是一堂手工课,关于梦想,关于飞翔。儿时的梦想,天真又美好,如今每每回忆及此都会让自己感慨万千。大山里的孩子们的梦想又是什么呢?

上午第四节课,我带着准备好的教具走进了五年级4班的教室。孩子们看见我的到来,又沸腾起来。班里的孩子很喜欢唱歌,每节课开始前都会集体唱首歌给老师,而且每次都不一样。一首《幸福拍手歌》后,梦想的课程开始了。

开始我曾想,大山里的孩子,由于物质条件的匮乏,他们的梦想是否也和城里的孩子不一样呢?随着课程的深入,孩子们一个个地讲述了自己的梦想:成为数学家、服装设计师、演员、博士、老师,考上好的大学让爸爸妈妈高兴……

原来每个人最初的那个梦想,与物质条件无关,只有意愿和热爱,但大多数人都在时光的侵蚀下渐渐走上另外一条路,只有少数人,不畏艰难守候着最初的梦想。

我想让他们牢记自己曾经的梦想,记住自己曾经想要走的路。

孩子们把自己的梦想写在彩色的方形纸上,我教他们叠成一只只的小纸鹤。"有没有小朋友愿意将自己的小纸鹤送给老师呢?"一叠彩纸,通过一节课,变成了讲台上一只只承

载着梦想的小纸鹤。看着孩子们兴奋的表情,看着孩子们送给我的厚重的礼物,我也非常高兴。希望他们10年,20年后或许记得,曾有一位老师教会他们折纸鹤。

愿他们记住自己最初的梦想。

坚强的背影
- 刘言 -

小鹏,8岁了。3年前,父亲开车时发生交通意外,腿部骨折,同车的小鹏颈椎骨折。几经治疗,花了近20万元,他的全身还只是头部和上肢可以活动,其他部位毫无知觉,至今,小鹏每周末仍要到涪陵的大医院打吊针。

原本可以上学读书的他,由于瘫痪没了上学的念头。学校胡校长对此事相当重视,多次到他家中劝说并决定由学校支付孩子的全部学杂费。家长明白,越是残疾越要上学,只有知识才能让孩子自立。

2011年9月1日,小鹏终于像正常的小朋友一样,来到了马鞍平安希

望小学,尽管他被固定在特殊的椅子上,尽管他无法上体育课,但他还是高兴地成为一名一年级的小学生。为了方便上学,家里在学校附近租了房子,一年的房租是6000元,每天由70岁的爷爷背着孩子上学,不论风雨。

爷爷每天往返三次:早上背小鹏上学,中午帮小鹏打饭更换纸尿裤,晚上背小鹏回家。父亲在工厂做电工,每月工资3000元。3000块钱,全家四个人的全部收入,也许应该是五个人,因为母亲已经怀孕,她坚持要求再要一个宝宝,长大以后可以一起照顾哥哥。

学校的领导和老师特别喜欢他,不仅因为他学习成绩名列班中前列,更因为他的坚强。听说这孩子特别爱笑,从来不哭。听到小鹏的事,我们决定去看看他,并把支教小队的爱传递给他。为了不给他造成心理压力,我一个人带着从北京带来的书包、文具,并在当地给他买了些本和彩色笔看望了小鹏。课间操时,同学们都在操场上做操,在班主任的引领下,我来到二年级3班。小鹏坐在第一组最后一位,他身上穿着硬塑料做成的固定衣正在看书,见到我他主动向我打招呼:"老师您好。"

"小鹏你好,我是平安银行的志愿者,叫我刘老师吧。听说你特别爱笑,刘老师也爱笑,特意来看看你。"话还未完他便笑了起来。

"你最喜欢上什么课呀?"

"美术课。"

"你看,刘老师会魔法,知道你喜欢美术课,特意从北京给你带来新书包和文具,还特意准备了彩色笔给你,希望你把多彩的生活画出来,好吗?"

"好的,谢谢刘老师。"他眼睛盯着那画笔笑着说。

"小鹏,老师那里有很多北京的照片,你想看吗?"

他眼睛一亮,"好呀!"

"今天中午,老师来找你,跟你说说北京有什么好玩的。"

交谈中我发现,由于他下半身没有知觉,身体总会向下滑,所以他总是习惯性地用手把自己撑起来。此时其他同学已经结束室外活动陆续回到班里,我便跟他告别,约好中午再见。

中午差10分钟下课,我来到他的教室门口,一位老者手拿一个饭盒,透过教室门口的窗户向里面看。见他的背影,便知是小鹏的爷爷。我主动向爷爷打了招呼并说明了来意,这才和爷爷攀谈起来。爷爷向我讲述了3年前那场车祸,说到给孩子治疗时的情形,爷爷潸然泪下,不断地念着"20多根钢钉,孩子受罪了,他没法子站起来了"。

下课了,爷爷给小鹏打好饭,然后到校外给他买上课用的本子,我坐在小鹏旁边,支开笔记本电脑,利用小贺老师制作的《这里是北京》PPT,向他介绍着北京的建筑和风景。小鹏不断地向我提问,"刘老师,飞机是怎么起飞的?颐和园是做什么用的?故宫里面大吗?那么多

房子是做什么用的？动车的火车头为什么是尖尖的？双层巴士怎么上到二层？……"他的好奇提问让我应接不暇，我一一向他解答并上网搜索新的图片，让他更直观地了解。

爷爷买好本子回来了，应该是换纸尿裤的时间了，我向他们告别。小鹏问我："刘老师，明天您还来看我吗？""来呀，怎么了？""我想画一张画送给您！""好的，一定，明天老师来看你。"走的时候，我对爷爷说："您也要保重身体，孩子还指望着您呢。另外，背包里有一个信封，请您收下并转交他的父母，请您收好。"

我一早在校门口见到了小鹏，他像往常一样趴在爷爷的背上，手里拿着一张小小的画。我迎上去，他说："刘老师，早上好，这是我送给您的礼物，您给我看了北京动物园的海洋馆照片，我画了海里的章鱼和鱼。"爷爷说："他昨天特别高兴，画了一晚上，谢谢你。"说完便继续背着他，向教学楼走去。

谢谢我？是我要真心地谢谢你，你的坚强乐观，爷爷的坚持和无私的爱让我铭刻在心，你们的笑把我们每一位志愿者的心灵洗刷得透透的。我坚信，我们之间的缘分还未完结，我们之间的故事还将继续，我和我的伙伴们，会关注你的成长，直到你成为一名对社会、对家庭有担当的人。

感动在身边,平安一家亲

■ 崔超

10月18日,支教活动进入第四天。由于每天超过12小时的工作,志愿者们体力上出现了很大透支,很多同事出现了感冒症状。但是这并不能阻挡志愿者支教的热情,他们依然早出晚归,在课堂上激情似火,在昏暗的灯光下字斟句酌。

有一种精神叫团结,有一份感动在平安。自从《北京分行工作简讯·特刊》编发以来,不仅得到了分支行同事的积极响应,更受到产险重庆分公司及各支公司领导和员工的强烈关注。10月18日下午,产险涪陵支公司客户服务经理汤吉力一行亲临希望小学,向正在支教一线工作的志愿者送去了平安同人的慰问。在当晚前往贫困生家中访问的过程中,产险涪陵支公司查勘员吕林亲自驾车,翻山越岭接送志愿者,为家访工作提供了极大便利。

这份感动源自内心,这份感动鼓励我们前行。像这样的故事在此次支教活动中还有很多,活动的成功举办离不开广西寿险同事的组织,离不开重庆寿险同人的帮助,更离不开重庆产险同人的鼎力支持。虽然我们来自不同的地域、不同的公司,但我们拥有共同的爱心,我们有着同一个名字:平安。

今天的主题是家访。许多时候,我们总是抱怨事事不如意,总是不满足自己现在所拥有的。可是,当你亲身走近那些坚强生活在世界上的人,你就会发现生命是如此的可贵,生命是如此的精彩,我们现在的生活是如此的幸福。

孩子是家庭的希望，家长是孩子的天。当我们锦衣玉食的时候我们不会去担心天塌了怎么办，当我们挥斥方遒的时候，我们可曾想过希望渺茫是何等的绝望！当我们来到此次家访的孩子家中，亲眼看见家中陈设，亲耳聆听家长的讲述，我们有什么资格去抱怨生活的不如意？

小清，六年级的男孩子。我们第一次见到他是在校门口，放学后，他手捧着一小碗麻辣粉开心地吃着。从外表看，这个头发卷卷的男孩子和其他小朋友一样，乐观、开朗，在和他步行前往家中的路上，他会主动帮你拎东西，小小的背影透射出一种鲜有的坚强。

经过不近的路程，穿过几条斜坡的街道，我们终于来到了小清的家。身着志愿者统一制服的我们，无疑是街道上最亮丽的风景线。而每当乡亲们发出议论时，在前面带路的小清都会自豪地说"这都是我的老师"，眼中荡漾着一种自豪和幸福。

小清的爸爸稍迟于我们回家，见到我们在门口等候，将一袋青菜放在了楼梯拐角处，并没有拎进屋中。当我们跨入家中的一瞬间，我们发现屋中除了几件旧家具，什么都没有。小清见我们进来后，先冲到了厨房，接着是"哗哗"的水声，随后是5个吃饭用的碗。我们本以为是要留我们吃饭，后来才知道是要给我们倒水！当时心里别提多难过了。我为孩子家中没有茶杯而叹息，但更为孩子的懂事而感动，看看那些城市的同龄人吧，有几个知道来客人了给倒水。这就更验证了那句话：穷人的孩子早当家！

小清的父亲右眼已经萎缩，这个年近中年的男人向我们讲述了家中的故事。大儿子虽已过18岁，但患有脑瘫，

为了能养活自己,现在学习"塔吊"操作。小儿子是他们后要的孩子,也是他们全家的希望。自己在家种些小菜,爱人在附近做工,每月收入一千多元。

就是这样的家庭,能给予小清的也就是坚持上学了。而就是这样的小清,右手的大拇指还在一次玩耍中骨折,虽然打过钢钉治疗,但至今仍有伤痛,不能正常写字。突然,我感到一种伤痛,为什么这样的家庭,孩子还要遭受苦难,我们在物质慰问之外,还能再为他们做些什么呢?临走的时候,刘言老师对小清说:"你要好好学习,要听爸爸的话。"小清的允诺和眼神让我们看到了未来的希望。在我们走出很久后,我们发现小清的父亲拎着一袋子饮料小跑而来,夕阳洒在他的脸上分外温暖,阳光下的身影是如此的高大。

驱车40分钟,历经蜿蜒山路的我们到达了家访的第二站。带着晕车的感觉,我们不得不在长满荒草的路尽头停下,步行前往小月的家中。这是一个住在农村的小姑娘,稚嫩的脸庞带着微笑,身着的秋装虽不是很新,但十分干净。虽然,小月和妈妈联系过了,但很遗憾我们没能见到本人。在和小月的交流中我们得知,她的爸爸在外地打工,自己和妈妈生活。由于自己住得离学校很远,她不得不每天6点多起床,赶小巴到学校上课。那崎岖颠簸的山路,那破旧的小巴,伴随着孩子走过了多少个日日夜夜!回来后在和班主任的沟通中,我突然得知小月的妈妈得了癌症,当时我浑身一震,因为我知道这对孩子、家庭意味着什么。老天啊,你为何如此折磨这些善良的生命啊!在出发前,我们给小月买了一瓶饮料,可我发现,那瓶饮料一直拿在手中,没有开启。

朋友们,请珍惜你身边的一切,善待你身边的所有人吧。不要去抱怨,不要去不满足,因为,我们比太多人幸福了!

> **志愿者说** ZHIYUANZHE SHUO

不完美的科学课

- 霍强 -

今天这堂课可谓一波多折，波澜起伏，几度几近放弃。

一堂科学课，永远保存一片落叶的"生命"——制作叶脉书签。城里孩子一堂简简单单的课，在这却是难上加难。课程其实很简单：将树叶放入碱性溶液中煮沸10多分钟，取出后用旧牙刷刷去叶肉留下透明的叶脉，再用水彩颜料着色装饰后，夹在书中、报纸里吸干即可。

除了简单的音乐、体育，乡村小学的副科课几乎是停上的。准备器具吧，首先没容器就没法煮烧杯，通过校长，我找了班主任，联系课程组长，终于找到两个烧杯。又找了两天，我在一个满屋灰尘的杂物间中找到一个酒精灯，可是却没酒精。走遍周边大小商铺，最后我在一个小药店买到一瓶75%的医用酒精。好，剩下的有希望了。没有医用器械店，在化妆品店买来眉毛夹代替镊子。还有碱，商店只有发酵馒头的酵母粉，成分不合适，几经周折终于在菜市场卖豆腐的大娘那里讨到一小袋碱。OK，下午可以赶上最后一节开课了。

得来不易的东西，总是让人异常惊喜。一切虽然波折却也还算顺利。想到孩子们能看到一片片晶莹剔透的树叶，我很是兴奋。但是万万没想到，75%酒精的火焰太小，一直无法煮沸，实验宣告失败。看着孩子们一个个充满期待的眼神，我只有接着用PPT讲完课程，用图片展示城里孩子的作品。

遗憾的不完美，我真想看到他们的作品，我相信一定会和同龄人做得一样的美。

希望这节不完美的科学课，能在他们心灵中激起对科学的热爱。此愿足矣。

用艺术点亮生命，用情感温暖人心

■ 崔超

10月19日，支教活动的最后一天。志愿者们比往日更加忙碌，也许是临近离别，大家的兴奋度没有往日高涨。下午就要举办五年级"平安志愿者杯"合唱比赛了，团队的力量再次让场地布置、嘉宾邀请、奖状准备、环节设置等问题迎刃而解。

对于从未上过台的同学们来说，当众站到主席台上唱歌是一种挑战，迈上舞台的第一步是何等的艰难。下午的比赛盛况空前，虽然音响设备简陋，但是现场人气颇旺。别看这些孩子平日十分淘气，上蹿下跳，一旦和其他班级进行比拼，一个个上台都特别老实，分外认真。比赛时正值低年级放学，半个操场围满了接孩子的家长。

当同学们的歌声在操场唱响，我在感动之中进入了无限的遐想。似乎转瞬间，大喇叭改装的音箱变成了演唱会的大功率混响设备，同学们就像童声合唱团的小演员们一样，用饱满的热情和动听的歌声，在音乐的海洋中畅快遨游。每一曲结束，台下都会扑

面而来雷鸣般的掌声,这掌声送给每一个同学,更为他们的未来点亮一盏希望的明灯。

舞台设备虽然简陋,同学们的唱功固然有限,但他们和城市的孩子一样,成长在同一片蓝天下。虽然暂时会经历风雨,但雨后的七色彩虹仍是他们共同的交集。比赛的最后一个环节,是所有同学齐唱《七色光之歌》,这首五天来的必修歌曲,被同学演绎得甚为传神。

作为最后大合唱的指挥,我看到了一个个专注的眼神,听到了整齐嘹亮的歌声,感受到了一种久违的感动。面对近200人的临时合唱团,我在想,如果日常他们能有专业的老师进行训练,他们唱得将会是多么好啊;如果他们能学些乐器,我们的演出将多么丰富啊;如果

他们有国家大剧院、北京音乐厅可以听音乐会,他们的视野将多么宽阔啊!

比赛在同学们的精彩演唱中结束,为了给每个班演唱者鼓励,我们并没有设置一、二、三等奖,而是针对每班演唱曲目和舞台表现的不同,由校领导和老师向大家颁发了"最佳"系列奖项。即使是这样,同学们在等待奖项颁布时也都是紧握双手,随后纵情呐喊。恐怕也只有这样的集体活动,才能培养他们的团队意识。看到同学们为了共同的目标努力,没有了昔日的散漫,更增添了一份让人难舍的留恋。

活动结束后,胡校长来到我们的办公室,对于我们今天的比赛给予了高度评价,对我们带给同学们全新的艺术体验表示感谢。我们大家相视而笑,心中感叹,5天的辛苦没有白费,我们的付出是有价值的。

整理东西的时候,有很多的同学跑来请我们签字留念,还有许多同学送给我们自制小礼物。那种收获不是金钱可以替代的,那种成就不是荣誉可以包含的,我们深刻地体会到"采得百花成蜜后,为谁辛苦为谁甜"的教师精神是如此的神圣和崇高。

在离开学校的最后时间里,大家的心中都不乏几分沉重。而有一个男人终究还是流下了如泉的泪水,他就是刘言。平日幽默欢乐的刘言此时站在操场一角,看着这里的一切,尽量控制自己情绪。然而当我们前几天报道的残疾同学小鹏和爷爷出现在操场时,他义无反顾地冲了过去,此时再多的话语也割不断他牵挂的心。在孩子面前他依然坚强,告诉小鹏要好好学习,要坚强,要听爷爷的话;而当孩子转身离开的一瞬间,这个已过而立之

年的大男人却泪流满面，失声痛哭。这眼泪来自对孩子的牵挂，这份真情来自一个男人心底深处的责任和呐喊，刘言是一个有血有肉的纯爷们儿！

是支教让我们相聚在这里，是缘分让我们这个团队充满力量。5天的支教生活，让我们每一个人的心灵受到洗礼，课堂上、家访中让我们知道，社会上还有很多需要并值得我们去做的事情。虽然时间短暂，但我们在这里成长，虽然即将离开，但我们在这里播撒了一份来自首都北京的祝福和希望。

2012年支教活动结束了。涪陵马鞍，这个再普通不过的小镇，如果不是支教活动，恐怕我一辈子都没机会来这里。支教活动的志愿者们在这里用满腔热血和青春，书写了一首志愿服务的赞歌。让我们期待明年的再次相聚，希望有更多的同事加入支教活动的行列中来！

平安希望小学支教行，北京分行员工在行动！

志愿者说 ZHIYUANZHE SHUO

结束语
- 霍强 -

一个星期的支教时光，转瞬就过去了。

我们为五年级的每个孩子每人单独拍摄了一张照片，回到城里冲洗出来后，再寄给他们，以此当作此次支教之行送给他们的礼物。

这是一段童年时光的写照，愿他们记得当时的欢乐，不论物质的匮乏还是条件的恶劣，欢笑总是在孩子们脸上，定格在相片中。

此行支教，收获太多，感悟太多。我收获了孩子们的欢笑、三位志同道合的新朋友，还有家人和领导的支持。一个人无法完成的事情，需要一个团队，此行的顺利成功，离不开每位队员的付出。有时感觉自己只是做了一点点小事，感觉却收获了很多，得到了很多，也许是因为聚一起发酵了吧。哈哈。

对于孩子们，物质上的捐赠固然简单，却也容易扭曲，只能救急不能治本。孩子们真正需要的是心灵上的关爱，他们需要一颗强大的心去战胜比城里孩子遇到的更多的困难。

只有改善当地经济环境，提高福利待遇，留住更多心灵的播种者，才能让乡村的花朵鲜艳盛开。我们只能告诉孩子们好好读书，告诉他们和城里孩子一样，只要

他们肯付出更多的汗水，一样可以比城里的孩子做得更好。

支教，好美！

— 刘言 —

按照班主任潘老师的要求，我上的最后一节课是爱国主义教育课。我结合语文课文播放了《火烧圆明园》片段，讲述了九一八、七七事变、南京大屠杀……孩子们从没听过这些故事，他们热泪盈眶。我问大家："我们要不要我们的祖国再受欺凌？""不要！"孩子们整齐地回答我。"那如何使祖国强大呢？"孩子们争先恐后地回答努力学习、强健身体、勿忘国耻之类的，孩子们的爱国热情被瞬间点燃。伴着高亢的国歌声，我结束了我支教的最后一堂课程，孩子们拥上讲台与我合影，那一刻，我觉得教师是全世界最幸福的职业，因为可以随时被最纯净的

爱围绕。

回京后,我接到了小鹏爸爸的电话,电话中他告诉我,原本他想来学校当面感谢我们,但他工作太忙,妻子待产无法分身。他说起了当年的车祸,虽不是他的全责,但对孩子他充满了自责。他说他开始不想再要二孩了,但亲戚朋友都劝他再生一个宝宝,长大后可以一起照顾小鹏。他现在打两份工,想多挣些钱,给小鹏做自费的针灸治疗,希望他能站起来。我们互留了地址和电话,以保持联系。

希望小学的支教老师好美!面对孩子们那渴求知识的眼神,我只想把更多的知识、见识告诉他们,让他们知道世界是彩色的!

能帮助别人好美!能够为需要帮助的人做一些微薄的事情,看着他满足和感谢,足够!

都市人的生活好美!尽管压力很大,请不要去抱怨,不要不知足,因为我们比太多太多人幸福!

《在一起》

作词：崔超
作曲：崔超
演唱：王颖

你的眼，纯净而明亮；
你的笑，天真充满希望。
当我来到，你的身旁，
挽起你的手，走向坚强。

你的梦，并不再彷徨，
你的路，因为有爱通远方；
当我来到，你的身旁，
心与心已相连，爱在绽放。

在一起，当爱在传递；
在一起，生命更美丽。
问自己，何事更有意义，
一起来支教，续写人生奇迹。
在一起，当爱在传递；
在一起，生命更美丽。
问自己，何事更有意义，
一起来支教，续写人生。

扫码听歌

03 广西马山吹台风 残羹冷炙三轮行

支教首日的思绪

■ 崔超

现在时间是9月23日23:30,台风"天兔"的前爪已在我们头顶出现。一天的支教活动结束后,我们乘坐"面的"从5公里外的学校回到住处。仅仅一天课,几位老师的嗓子就都哑了,衣服也被汗水浸湿了,但大家脸上荡漾着幸福的神情。

参加支教活动3年了,无论是广阔的辽西平原,还是重庆的马鞍小镇,每位志愿者第一天都是相同的状态:疲惫、兴奋、感慨。大家的感触都是:当老师真不容易!

30分钟前,我们支教小队的总结会刚刚结束,大家在一起回顾今天的得失,规划第二天的课程安排。我真的想说,众人划桨开大船,人多力量大,大家在一起汲取经验,相互勉励,为了共同的目标

全力筹备，这是一段非常难忘、宝贵的记忆。

"白天教研组、晚上编辑部"是北京分行支教小队的优良传统，大家散会后，各自撰写当天的支教日记，记录一天的收获。点滴文字传递的不仅是支教一线的见闻，更是激发更多人关注公益、关注教育的平台。

此次广西支教，我们为五年级两个班的同学们购买了口琴。和我想象的一样，这里的孩子们对于音乐的知识真的知之甚少，识谱、节奏感很薄弱，上起课来不省力，但我更坚信，今天的努力和付出对孩子的未来非常重要。合理村小学的校长、老师都很热情，知道我会弹琴特地从教具室拿出了电子琴供我使用。我面对全新的电子琴、未开封的架子是悲喜交加，悲源自这么好的琴学校老师无人能弹，喜来自小学麻雀虽小五脏俱全。我扛着琴爬到了楼上，满怀豪情插上了电源，结果我发现楼上插座没电。于是，不远千里带来的口风琴再次派上了用场，支撑我完成了课程。看来，艺术教育的道路任重而道远，我们要做的事情还很多。

我们的晚餐很有"特色"，是在小镇上一家街边的小门脸里吃的。那里不能叫饭店，因为没有明亮的门窗，没有宽敞的大堂，甚至没有服务员，只有一只只"轰炸机"在头顶盘旋。10元一个人，没有菜单，老板按人头给你现炒，都是家常小菜，米饭随便吃。累了一天的我们狼吞虎咽，倒也吃得开心。所以，这就证明吃什么不重要，关键是和谁一起吃。

明天，我们将开启新的征程，从微信、微博、短信发来的祝福让人幸福

满满。有时候我觉得人生就如同支教一样，做好事、做善事本身就是一种幸福，更多的人能够参与其中，将这份幸福传递，世界便会充满爱。

感谢各位的观看，我们明天再见！

志愿者说 ZHIYUANZHE SHUO

爱没那么简单

- 戴辰 -

激动的心情尚未褪去，身体的疲惫已然来袭，不知不觉中，第一天的支教活动就这样结束了。

作为平安银行北京分行的志愿者代表，我和我的4位同事克服了工作任务重、时间紧等困难，利用宝贵的业余时间进行备课、购买教材等一系列准备工作，怀着一份对社会的责任感和对山区人民的关爱，踏上了支教之旅。一路上，我们多少有些心存忐忑，毕竟我们当中除了队长崔超有着丰富的支教经验，其余人都是第一次参加此类活动，能否在有限的时间内把知识和快乐传递给这些山区里的孩子们，大家心里实在没底。

崔队长为了让我们更专注地投入支教工作中，把自己多年来参加相关活动的经验分享给大家，帮助我们消除疑惑建立信心，逐渐使我们有了些许把握。我们自己也开始不断互相打气，反复交流着各自准备的课程，无数次模拟着课堂上的情况，不断调整授课细节，每个人对自己的要求都是精益求精，甚至是吹毛求疵。这一切看似夸张的举动，都是为了能把最好的课程呈现给孩子们，让孩子们学习到新鲜有益的文化知识，感受到来自远方的那份温暖。

就是在这样的状况下，我们开始了此次支教的授课阶段，一天下来每个人都感慨良多。总体来说我们取得了一个相当不错的开始，无论是口琴教授、心灵启发，还是航模实操、体育锻炼，这些我们之前精心准备的课程都获得了同学和老师们的认可，达到了预期授课的目的，这让我们十分欣慰。但是，我们也在第一天的教学过程中发现了一些我们在前期准备工作中存在的问题，最主要的是对这些孩子的自由散漫的天性预估不足，以至于授课过程中偶尔出现掌控不力，从而影响教学质量的情况，而这些本应是我们提前做好充分准备和应对策略的。我们也在傍晚的沟通会中进行了深度总结，提出相应的应对策略，以保证接下来的授课可以更加高效有序的进行。

拥有社会责任感，富有爱心是参加支教活动的基本条件，但无论在前期准备过程中，还是在授课实际进行时，我们都深深认识到，光有责任感和爱心还远远不够，如何把我们的爱转化成孩子们可以感受到的温暖、可以获取到的文化知识，并不是那么容易，那也许是一句优美的歌声，一句简单的英语问候。这就要求我们不仅要具备丰富的文化知识，

也需要稳定的心理素质和良好的表达能力，为此我们倾尽所学，竭尽所能。虽然这一切并不简单，但我们相信，只要我们付出最大的努力，就一定会有回报。

窗外风雨飘摇，此次南下正赶上与台风"天兔"同行，我们将迎来持续一周的恶劣天气。但请相信，无论狂风暴雨还是各种恶劣的条件都不会阻挡我们在支教路上奋勇向前的步伐！虽然，爱没那么简单，但是我们已经准备好了迎接挑战！我们自信，因为我们专注；我们专注，只为孩子们的明天！

梦想起航
— 樊川 —

一方水土养育一方人，青山绿水映衬美与真。

这里远离了城市的喧嚣，听不到汽笛的轰鸣，也看不到人头的攒动。山谷下、云起处，那炊烟缭绕的地方，就是山区孩子们的家。吃饱穿暖，已经不是什么大问题，他们所缺少的，只是眼界与知识。

广西山区里的孩子们，从来没有走出过这片养育他们的大山，对于物理、科学一类，根本就没有概念。所以，他们从未像城市里的孩子一样梦想过成为什么"科

学家""文学家"。

"想看下雪""想看飞机",就是他们的梦想。城市孩子的梦想是伟大的,但如果要给这些长在山区里的孩子的梦想加一个定语的话,则是"质朴"。

当看到苹果从树上掉落的时候,他们也会像牛顿一样,在想"苹果为什么会掉下来";当看到鸟儿在云中嬉戏的时候,他们则会像莱特兄弟一样,向往着"在天空翱翔"。

今天,当遥控飞机从他们的头顶掠过之时,我们为他们带来的不只是震撼。

我们的支教之行,不求为孩子们实现梦想,只愿给他们带来更多的希望,帮助他们打开希望之门,插上梦想的翅膀。

让我们携手并肩,用自己的汗水,迎来孩子们灿烂的笑容;用自己的努力,送上我们最真挚的爱心!

感悟支教

— 马文晶 —

清晨,和煦阳光照耀大地,志愿者一行人员早早在学校门口迎接每一位学生。

初次交流

我负责的班级是三年级2班,带着忐忑的心情,我跟随老师来到班级,映入眼帘的是充满期盼、但带着些防备的目光,微笑,这时也许是最好的交流方式。我搬了把椅子坐在班级最后,和孩子们一起上数学课。墙面一片斑驳,课桌也非常破旧,有些课桌的桌面已经断成两节。上课时,我发现旁边的小女孩握着一根铅笔头在跟着老师做题,显然,她也没有铅笔盒,这样短的铅笔也许我们早已扔掉,但这边的孩子还可以用好久。

课后,班上有胆大的孩子凑过来和我聊天,孩子们的热情,出乎我意料。我发现,孩子们都穿的是拖鞋或者凉鞋,问及原因,孩子们会用非常夸张的肢体语言向我表达,

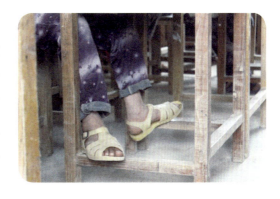

下雨路上泥很多,泥多的时候就把鞋脱下来。孩子们叽叽喳喳说个不停,高兴了,就直接坐到了课桌上。我看到孩子们的脚底板都有一层老茧,有的孩子还有疤痕,他们也满不在乎,我想,这一定是在每天不断的光脚行走中留下的。也许,这些在他们看来是一件再寻常不过的事情了,但是,在我们看来,这简直就是难以想象的一件事。

真情流露

起初,听老师讲课时,感觉我们班的男生看起来是非常顽劣的,但当你单独或者多和他们交流的时候,你会发现,他们其实是非常聪明的,他们的目的也许只是想让老师注意他,知道他的存在,并且重视他。但一个班将近50名学生,对于一位老师来讲,面面俱到也许有些强人所难,当我特别关注他们以后,发现他们可以跟随老师的思路回答问题,并且可以帮老师维持课堂纪律,这是很让我惊喜的一点。所以,没有差学生,只有不用心的学生。

心灵感悟

从班主任处了解,班里许多学生都是留守儿童,父爱母爱的缺失对

他们的成长有着非常重要的影响,有一些问题也应在他们的成长过程中逐步改善、解决,比如不经别人同意拿别人的东西,不尊重他人的劳动果实等等。短短几天我们能做的太少太少了,希望我们可以带给他们一些正面的影响,使他们可以多一点点成长中的快乐,让他们的心灵可以健康成长。

支教初体验

— 滕怡璁 —

"同学们好。"

站在讲台上面对着五年级88班39张带着好奇又有些羞涩的面孔,忐忑地向同学们问好,孩子们稚嫩却响亮的一声"老——师——好——"多少打消了我临行前的顾虑。孩子们声音中透出的强烈求知欲,绝对是

这一路来林圩县的路上，除虫鸣鸟叫之外听到的最动听的声音。

也许学校条件并不是特别的好，只有简单的校舍和操场，而且还缺少一些基本的教学工具和师资，但是我相信无论在哪，孩子们对于知识的渴望和对事物的好奇是不会变的，他们需要的只是正确的指引。虽然在这短短的一周时间里，我有限的能力也许并不能改变什么，但是哪怕最简单的一个微笑能换回一个信任的微笑，一句温暖的问候能换回一句甜甜的"老师好"，也算是收获和进步，而且一周也才刚刚开始。

支教,是一种信念

■ 崔超

"三蹦子"的情怀

这是一辆经过改装的农用三轮摩托车,北京地区习惯称之为"三蹦子"。支教第二天,我们支教志愿者迎着台风带来的雨水,穿梭于山林之间,奔向5公里外的合理小学。"三蹦子"四面透风,以敞篷跑车的姿态穿梭于蜿蜒的山路之上,路旁如水墨一般的山水从身边飞过,水牛、民房、炊烟在眼前闪现,我们开玩笑说,如此美景虽乘"三蹦子"而无憾。是啊,夫夷以近则游者众,险以远则至者少,大山深处,景色往往与教育成反比呀。

"最炫民族风"舞动校园

昨晚,由众位支教志愿者精心编排的"最炫民族风"广场舞在学校成功落地。志愿者们用动感十足的动作、忘我的表演、默契的配合,为三、四年级的同学们成功教授了体育舞蹈。看到众多围观同学主动参与以及学校老师的惊讶表情,你就能明白创新与因地制宜结合的重要性。其实,准备这些课

程并不需要太多时间,只要团队有火花、有激情、有想法并勇于推进,用心设计的课程就会取得成功。下课后,我们的全身都湿透了,但好几位本校的老师跟进办公室,要求我们为他们的班级上这门课程。我们想,只要孩子们喜欢,老师们认可,在这里能够整齐划一地进行体育活动,这本身就是成功。

我教老师吹口琴

支教虽然只有短短的5天时间,但是只要你用心思考,一定可以从更多的方面帮助孩子们。平安集团经常讲"专业创造价值",这非常正确。只要你的课程足够专业、你的业务扎实过硬,你的学生就不只是同学们,也许还有……他们的老师。

在我给同学们上音乐课的过程中,经常有学校的老师到我授课的班中听课。《天下平安》的演唱是这样,口琴演奏课更是如此。于是,今天在学校老师们的强烈要求下,我们支教志愿者利用下班时间,为老师们上了一节口琴演奏课。

从老师们认真的练习中,我更加相信,正能量是需要传递的。老师们与支教志愿者相互学习、交流,受益的是山区的孩子们。老师的领悟能力自然比孩子们强,我们相信,在我们离开后,口琴课不会停滞,老师们将会带给孩子们更多。

金杯银杯不如老师们的口碑

北京分行的同事在几年的支教活动中传承着一份信念，那就是用心教授、全情投入、专业技能，其所教授的课程一定是最受同学欢迎、最受老师肯定的。仅仅两天时间，已经有多位老师来到办公室对我真诚地说："崔队长，谢谢你们！你们来了以后，同学们的精神面貌比以前好了很多；你们这批志愿者为孩子们带来的不仅有欢乐，更有知识与技能；你们是我见过的历届支教志愿者中最专业、最敬业的，谢谢你们。"

金杯银杯不如老师们的口碑，我们所教授的课程与老师们相比肯定还有差距，但是，我们拥有一颗奉献的心，我们会从特别的角度，为山区的孩子带去不一样的知识与技能。老师的肯定我们备感欣慰，但同时我们会更加努力、不辱使命，用自己的青春与热血，在广西的山区为孩子们编织一个广阔的成才梦！

志愿者说 ZHIYUANZHE SHUO

台风袭来

— 戴辰 —

台风袭来，雾雨绵绵，山区的清晨不免带有一丝寒意。鸟儿还在努力唱醒沉睡的街道，志愿者们已经行走在前进的路上，抬头虽只见乌云，但心中的小太阳已经照射出第一缕阳光。

天真善良、活泼好动、对一切新鲜事物充满好奇是孩子们的天性，短短两天，我已经和这群孩子很好地融合到一起。无论上课、下课还是吃饭、喝水，我的身边总会围拢着三两个小跟班，俨然成了我的小尾巴。虽然偶尔会对我的行动带来不便，但越多的时间相处就可以有越多的交流，越多的交流就可以越深了解到孩子们越多真实的想法，进而挖掘出一些可能会影响孩子成长的问题。

　　当我询问孩子们业余课后最喜欢做的事情时，不少同学回答玩电脑游戏是他们业余最喜欢做的事情。穿越火线、侠盗车手、QQ飞车等一些甚至连我这个成年人都没有接触过的游戏名字脱口而出。望着孩子越说越兴奋的表情，我脸上的笑容慢慢僵硬，心中微微泛起苦涩。

　　众所周知，现在很多的电脑游戏都充斥着血腥、暴力等不健康的内容，这对于青少年来说是极其不适宜的。他们正处在心智发育期，对于外来事物的抵抗能力较弱，模仿的能力却十分强，一些孩子在校内模仿游戏中的格斗画面，在同学间进行"比武"，从一对一到群体之间，从比画说笑到互相拳脚，甚至引发激烈的打斗，这样的场面在这个学校内屡见不鲜。虽然不能把全部责任都推到电脑游戏的头上，但必须要承认的是，过早地让孩子接触到这些充斥暴力内容的游戏，不但会因占用大量精力而影响到学习,更重要的是对孩子的身心发展做出了错误的引导。

如何正确引导学生,创造良好示范,不仅仅是山区孩子所面临的问题,同样也是城市孩子需要关注的焦点。解决好这一问题,不仅需要有关专家从长计议,切实深入地研究相应对策,更需要全社会各方放下眼前的利益得失,为了孩子的明天,付出自己更多的努力,还孩子一片蔚蓝的天。

希望你们既快乐又平安

- 樊川 -

一块木板,几块石头,碎石散落四周。学校工地里这块比一平方米多一点的地方,就是孩子们的游乐场。他们一会儿将木板当成跷跷板,在上面蹦蹦跳跳,翩翩起舞;一会儿又将木板看作是土炕,打着赤脚,屈身俯卧。眨眼间,他们竟然在上面玩起了老鹰捉小鸡的游戏,"老

鹰"展开翅膀，捕捉"猎物"；"小鸡"左右闪避，辗转腾挪，好不快乐！

面对这样的快乐，揪着的心根本不能平复，真可谓是"心酸之感刚刚散去，悲怜之情又上心头"。

其实，这些本该在我的意料之中。孩子们连气球都没看到过，更不要说什么游乐场里的摩天轮、过山车与海盗船。在一个刚刚解决了大部分人吃住温饱的地方，安全问题还没有被提上日程。

"不要和陌生人说话""不要吃陌生人给的东西"这些最基本的常识性的东西，还没有在他们的脑子里形成一种常规的意识。系统的安全教育、全程的校车接送、完备的安保措施，在这里既不可望，更不可求。

针对这个问题，在合理地安排男女志愿者的讲授内容后，我们准备了低、中、高三个层次的安全课，将在不同的年级里立体式展开，希望能够提高孩子们的安全意识，初步掌握避险的方式和化险的方法。

快乐属于孩子们，健康属于孩子们，平安更属于孩子们！

快乐起舞
— 马文晶 —

今天是和孩子们活动的第二天。昨天开始下起了小雨，清晨，队员们拖着疲惫的身体，无暇顾及山村雨中的美景，匆匆赶往学校晨迎。在雨中撑起伞，与每一位进入校门的学生、老师问好，看到同学们友善的目光，轻声回应我们，心中备感欣慰。

下午，天渐渐放晴，同学们要上体育课了，他们的体育课由于种种原因很少上，孩子们想上体育课的愿望太强烈。于是，操场上便多了几位穿着白色背心，汗流浃背的老师和一群快乐的孩子。

简单的舞蹈，一个小小的动作，也许你要教上八九遍，一边上课一边维持秩序，前排刚跳好，后排的又跟不上了，不时还会有其他班级的同学加入，一系列的问题接踵而至，怎么办？

我发现我班最调皮的6个孩子学得很认真，我抓住他们的兴趣点，多些鼓励、表扬，并不失时机地请他们到最前面领舞，孩子们爽快地答应下来，问题很快解决。孩子们学得很认真、很快，从跟着老师的节拍做动作，到自己大声喊出节拍，最后全套动作连续，这是一个熟练的过程。这过程包含我们脸上挂着的汗水，有孩子们欢乐的笑声，有老师欣慰的目光。我相信，这个年纪的孩子其实是非常需要鼓励，非常需要得到认可的，只要你不吝啬你的表扬，就可以帮孩子撑起心中的那片蓝天。

盖章

— 滕怡璁 —

支教的第二天印象最深的一件事是在四年级2班,给同学们上完英语课之后,大家争着让我给他们的小纸片上盖章。

盖章的主意是来之前大家想出的一个调动同学积极性的办法。志愿者任教班级的同学每人都会有一张卡纸,上面写着他们的名字和班别,在这5天的时间里,每个老师都会根据同学上课的表现给同学盖章。在四(2)班的英语课进行得特别顺利,同学们刚开始上课时还略显害羞,但是随着课程的进行,大家的音量逐渐加大,脸上的表情也愈发自信。

一下课,同学们都围到我身边,涨红着小脸举着小卡片大喊着"老师给我盖!给我盖!"我先把一个圆圆的小印章盖在了一个上课时有些

走神的男生的卡纸上，他因为紧张而紧绷的嘴角也有了向上的弧度。

还有个别淘气的同学绞尽脑汁想得到更多的小红章，在给他们盖了章之后，想趁着油墨没干，用手指再"复制"一个印章，也有其他的同学跑到我跟前，用拇指盖着之前给他们盖的章，想再让老师给他们盖。虽然方法千奇百怪，但盖章对于同学们的意义，远不止白色小卡纸上的一个个圆印，它们更象征着孩子们对于表扬和认可的渴望，而这也许正是他们现在所缺少的东西。

无悔的蜡烛

■ 崔超

今天是我们支教的第三天,高强度的教学让大家都有些吃不消,嗓子疼、睡不够成为我们共同的问题。尽管如此,志愿者们今天仍为同学们带来了软笔书法、飞行科学、音乐课、广场舞、北京见闻等多门精彩课程。同时,志愿者们延续特色关爱行动,为三个年级每一位同学拍摄了一张照片。十一假期过后,这些照片精装后将寄回到每一位同学手中,记录孩子们宝贵的童年。

父母教育成就孩子未来

人们常说"父母是孩子最好的老师",从孩子出生落地到上学前所养成的所有习惯,与父母的教育有着极大的关系。即便是上学后,父母的严格要求、悉心关怀也将影响孩子的一生。通过多次支教活动的体验,我深刻地发现:那些懂事、好学的孩子,家长对他的教育、关怀往往更多;而那些有着不好习惯的孩子,家长对其往往是放任自流或家长是负面榜样。

俗话说：龙生龙，凤生凤，老鼠生来会打洞。这句话虽有些宿命论，但对于父母对孩子的言传身教还是很有代表性的。父母教育孩子尊师守纪、勤奋好学，老师的授课就更专注；父母培养孩子多才多艺、全面发展，孩子的未来就更多彩。面对那些单亲孩子、留守儿童，父母每天的呵护与培养是何等的奢侈。因此，为了家庭的幸福，为了孩子的健康成长，希望各位家长以身作则、率先垂范，构建和谐家庭，培养社会栋梁，各位今天的付出将成就孩子美好的未来。

全能志愿者

志愿者汇聚爱心，志愿者传递力量；志愿者教授知识，志愿者放飞梦想。其实，志愿者还能做很多事。昨天，学校女老师找到志愿者，说二年级一个老旧教室的管儿灯由于年久失修，已经垂了下来，希望我们可以帮忙解决。于是，戴辰老师、滕怡璁老师和我一起到现场查看。昏黄的教室，破旧

的桌椅，低垂的灯架，让我们叹息。为了保护孩子们不被电到，我们决定对电线进行加固，并将漏电灯架拉升固定。于是，我们奔走小镇几乎所有的五金店，购买电笔和线槽钉，在今天下午放学后，将管儿灯隐患排除。由于教学楼电路较老，分教室、楼层不能拉闸，为防止被电到，我们仔细用电笔进行了防漏电检查，并利用绝缘工具进行操作。我们想，如果学校有电工该有多好啊。

> **志愿者说**　ZHIYUANZHE SHUO

一堂上不完的课

— 戴辰 —

安全是一个永远讲不完的话题，小学生的安全问题更是一个值得大家关注的问题，在安全的前提下接受教育是一切的基础。在几天的支教活动中，合理小学内诸多安全隐患引起了我的注意。

隐患一：

主教学楼高三层，楼梯宽度有限，可勉强并排行走四名学生。每次下课，特别是中午开饭的时候，整个楼的同学如潮水般从楼梯口涌出，你拥我挤毫无秩序可言。这样的情况存在相当大的安全隐患，一旦出现过分拥挤导致的跌倒，轻则学生擦伤，重则发生踩踏，后果不堪设想。

隐患二：

顶楼的走廊成为学生们的"好望角"，这几张椅子无论上课还是下课都被摆放在这里，成为学生们向下俯瞰的制高点。

隐患三：

个别学生站在椅子上，上身伏在护栏台面，扭身向下张望，看起来十分危险。学生们却不以为然，无论老师如何制止，都不

能彻底阻止他们危险的行为。

随处可见的安全隐患让我不免对学生的安全有了一些担忧。安全隐患的消除不仅仅需要硬件条件的改善，同时也需要从学生教育入手，把安全的知识和理念教授给他们，首先让他们意识到危险的存在，其次让他们学会远离危险，从而最大限度消除隐患。

为此，我临时编写教案，为学生们准备了一堂安全教育课，希望用有限的时间和精力尽最大的努力把安全的理念传达给他们。

为了让学生们更生动地理解，我用一个小游戏开始了我的课程。一只空水瓶，几块用线拴好的橡皮就完成了游戏道具的制作，我选择了四名同学参与这个游戏，故意以奖励橡皮为诱惑，试验学生的处理方式。果不其然，一声令下后四个人同时拉动线绳，橡皮全部卡在了瓶口，这个过程与中午放学学生们涌向楼梯出口的情景十分相似。第二次，我事先安排好抽出的顺序，这次的结果截然不同，四个人轻松抽出了橡皮获得了奖励。两次不同的方式，两种不同的结果，我耐心地解释了游戏的意义，强调秩序的重要性，进而延伸到每次下楼时不要猛跑，不要拥挤，有序下楼才会又快又安全地抵达，否则就会像试验中的橡皮，全部卡在那里。

三言两语无法言尽，一节课的时间也许无法让孩子们树立起良好的安全意识，但我希望通过我的努力，可以让孩子们的安全风险降低哪怕只是一点点，同时也希望学校的老师们通过我的教学分享，能更加重视并投入更大的精力在安全教育问题上。毕竟，安全是一堂上不完的课。

让爱永恒

— 樊川 —

人的水平本就有高低，但更重要的是，人不能持久。在山区，这一点表现得更为突出。这里的学校所存在的最严重的问题，不是老师能力大或小，水平高或低，而是有没有老师。

找了一个时间，我教授了张副校长一些科普和文学、文字方面的知识，他满怀感慨地对我说："我小时候就是这个学校的，念完初中，就回来教书了。你说的那些，我根本没听说过，你们来了真是太好了，我学到了新的东西，就能去教他们了。"

人虽然不能持久，但爱心却可以通过传递变为永恒。短短的几天时间，口琴也好，科普知识也罢，无论是教给孩子还是教授给学校老师，时间都是短暂的，我们的力量也是有限的。如果志愿者们能够前赴后继、源源而来，希望工程事业能够持续、有效、健康地发展，让爱成为永恒，山区里的孩子才会有更多的学习机会，才会真正的幸福，真正的快乐！

向往

– 马文晶 –

今天为孩子们准备了一节介绍北京皇家园林——北海公园的课程。上课前我无数次想象站在台上为同学们讲述再熟悉不过的公园的场景，但当我打开电脑，孩子们的热情已将我吞没，对于只知道北京天安门的他们，完全不知道北京是什么样子。他们完全忘记是在上课，每一双眼睛都盯着电脑屏幕，想把每一张图片、每一处景色都尽收眼底。

白塔、九龙壁、五龙亭、西天梵境这些北京孩子耳熟能详的建筑，在他们眼里是那么新奇，当他们看到金黄色的琉璃瓦，屋顶上方的"五脊六兽"，洁白的白塔，生动逼真、腾云驾雾的蟠龙，在水中结伴的鸳鸯、野鸭，他们不由自主地发出"哇"的欢呼声。当北海冰场出现的时候，他们更加兴奋，因为他们的家乡没有下过雪，冰场、冰车等等，都

是他们没有接触过的。

播放结束后,孩子们异口同声地说:"老师,我想去北京。北京真好。"我告诉孩子们,只要好好学习,长大后就可以去北京,孩子们都乖乖坐在位置上,认真听我讲解,回答问题也非常正确。孩子们听得认真,我讲得也投入,即兴教孩子们唱起了《让我们荡起双桨》,虽然设备简陋,没有伴奏,但孩子们依然热情高涨,随着手机发出的旋律轻声哼唱,"海面倒映着美丽的白塔,四周环绕着绿树红墙……"。此情此景已深深印在他们的脑海中,小小的梦想会在他们心中生根发芽,大大的梦想将带他们走出大山,走向更光明的未来,相信他们的明天会更好。

老师我们想上课

— 滕怡璁 —

今天是来到合理小学的第三天。虽然只过了短短三天,全身心投入的各位老师已经难掩倦意,但早晨坐车来到学校时,大家还是打起了十二分精神,向到校的同学们问好。

经过这三天和同学老师们的接触,对学校有了更进一步的了解。学校占地虽然不大但设备也算齐全,但是有限的师资在同学们对知识强烈的渴望面前似乎显得有些苍白。不同年级的孩子都要求我们给他们多多上课。早上在卫生区做值日的一个二年级小女生拉着我的衣角说:"老师你会来我们班上课吗?"课间我们五年级1班的女生也拉着我的手说:"老师第三节来给我们上课吧,班里没有老师。"团队里的其他老师也都收到了类似的请求。但由于志愿者人数有限,为了保证孩子们的听课质量并且能够学有所用，反复商量之后我们不得不舍去一些上课的机会。

站在讲台上，面对着台下我们班同学一张张充满期待的面孔，解释老师不能给你们上每一节课的时候，心里真的特别不好受。尽管失望，班上女生看到我嗓子不舒服，还是会让老师好好休息，还有一个女生在下课的时候，给我递了一管在学校小卖部里买来的糖。

能多上课固然好，但在我看来，比起短期内能通过教授课程给同学们带来的知识，激发他们的积极性以及对知识、对未来的憧憬，才是志愿者存在的真正意义。正所谓授人以鱼不如授人以渔，时间太短，我们能改变的也许并不多，但留下的每一个信念都会是一颗种子，一点阳光、一点雨露，就能在一个孩子心中生根发芽。

坚强地活着

■ 崔超

虽然我已经是第三次支教,也曾经历过多次家访,但每次踏入贫困学生家中的那一刻,我都感到一种由衷的痛楚。

生活在城市里的孩子永远无法想象,大山中贫困家庭的样子。一贫如洗的陈设,双双患病的父母,年近九旬的奶奶,还未上学的妹妹,这一切的一切对于一个五年级的小姑娘,该有多残酷!

在家访的过程中,校长告诉我,能够盖得起灰砖房子的村民都有在外打工的经历,而这个女孩家的房子是政府帮忙修建的。当我走进屋内,我再次惊呆了:屋内没有刷白,没有吊顶,满眼砖色映入眼中;一个比刷牙缸还柔软的塑料杯作为招待客人的容器;屋内最显眼的电器设备是墙上的电子钟。

孩子的妈妈因为生病不能下地干活,每天为乡镇工厂代工缝制棒球,薪水为每球1元。而即便是再加班加点缝制，每天也只能做20个球。孩子爸爸身体不好，加之要照顾生病的妻子、年事已高又多年患病的母亲，他不能外出打工。

就是这样的家庭，培养了一个优秀的女孩子。她成绩优秀，美丽大方；她热情待人，敢于担当；她每天要接送幼儿园的妹妹上下学，她每天要帮助妈妈缝制棒球，她还要帮忙家中料理家务。人们常说：穷人的孩子早当家，可为什么这些苦难要集中于一个孩子身上呢？

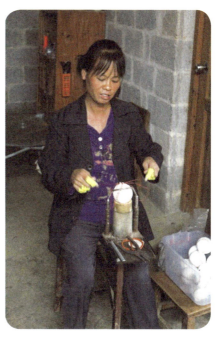

城市的孩子五年级时，会有电脑、玩具，他们会在爸爸妈妈的宠爱中幸福成长，他们放学后会趴在电视前看动画片，每天吃完饭不用去洗碗，更不用去做工养家糊口。城市的孩子会去学习钢琴、画画、舞蹈，还可以出入游乐场、电影院。而山区的孩子呢？他们没有电脑和玩具，他们的爸爸妈妈因为各种原因不能更多地陪他们，他们的家中甚至没有电视。他们每天要帮助妈妈洗菜、刷碗，甚至要帮助带弟弟妹妹。他们的业余生活没有特长班，更没有游乐场，但他们坚强地生活着！

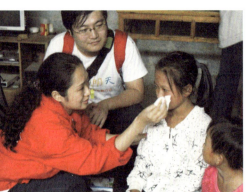

志愿者说 ZHIYUANZHE SHUO

不愿说再见

— 戴辰 —

风雨吹打不散我们的爱，离别的心情如浪潮般澎湃。
平安支教行从开始到现在，充实让时间变得飞快。
离别近在眼前，we don't wanna say goodbye!

特别的礼物

面对即将分别的同学们，我选择用相片定格珍贵的记忆，并把它们作为礼物送给同学们以纪念这短暂而又快乐的时光。

最长的坡道

临行前的另一个任务就是实地走访贫困生家庭，感受他们真实的生活状态，并带去来自平安员工的关爱和问候。今天我们走访的其中一位学生名叫黄启德，他的父母很早就过世了，奶奶和叔叔承担起了抚养他的使命。上帝也许关上了他家那扇幸福的大门，却为他开启

了一扇艺术之窗，也许孤儿的身份注定了他腼腆内向的性格，可一旦拿起画笔他就变成了一个用线条和颜色来表达自我的演说家，作为班里数一数二的绘画能手，他的作品得到了志愿者们一致的好评。

一桶油、一箱奶、一个书包、一盒笔，我们清楚这些东西改变不了他的成长环境，但我们相信这些关爱一定会点燃他心中的希望之火，温暖他幼小的心灵，激励他不断奋进。启德每天都要在他身后的坡道上下数次，而人生就是一条最长的坡道，我们不可能为了让他走得更加顺畅而把坡道夷为平地，我们能做得更多的是鼓励他不畏艰难险阻，给予他奋勇前进的动力。当他凭借自己的力量征服一切不断向上攀登时，等待他的必将是一片充满无限精彩的美景。

孩子，你们是最棒的！
- 樊川 -

欣赏孩子们的画，可以说是对情操的一种陶冶。画的内容非常丰富，有描绘家乡美丽景色的：山峰耸立，绿草幽幽，美景如画；有勾勒

自己美好愿望的：驾驶着飞机，与鸟儿一起飞翔；有书写名家诗句的："离离原上草，一岁一枯荣"；有的竟然将对自然科学的一些猜想体现到了画纸上。真是各具特色，不胜枚举。孩子们活泼可爱、纯洁天真的个性跃然纸上，没有一点被世尘沾染过的痕迹，不禁让人有种心旷神怡的感觉。

你们一定能够继续努力、不断进步，因为你们是最棒的！

支教第四天，志愿者小队对两名贫困学生进行了家访。两个家庭或受政府救济或受社会帮助，才勉强维持着，这不禁让我想起一句话："幸福的家庭都一样，不幸的家庭各不同。"两个家庭的孩子，要么没有爹妈，要么就是有爹妈却都身患重病。奶奶的赡养、家庭的维系，千斤的重担压在你们幼小的肩上，让你们举步维艰。然而，你们是坚强、勇敢的，一张张奖状就是最好的证明，弟弟妹妹们的健康成长就是最好的证明。

你们一定能够排除万难，完成学业，最终实现自己的梦想，因为你们是最棒的！

平凡而特别的一天

— 马文晶 —

班里的孩子非常想上一节美术课,对于我们这种非专业老师,我想走一条不寻常的路——"自然加美术"。最初的想法是找真正的树叶,运用油彩,拓印在纸上组成不同的图案,由于天气原因,想法没有实现。我临时更改教案,树叶剪纸涂上颜色,大家齐心合力让大树枝繁叶茂。

树叶的形状、结构,有何作用,为什么会变色等等问题一经抛出,就引起了同学们热烈的讨论。更令我惊喜的是,坐在班级最后单桌的同学竟然也举手了,在我的引导下她表达了她的想法,虽然只是我来描述,她只答"是"或"不是",但这是几天来她第一次主动回答问题。孩子们的心是多彩的,所以他们笔下的画也是美丽的,我们的大树作品很成功,孩子们将喜欢的颜色涂在剪纸上,装扮树干。

结束一天的教学,志愿者一行人抽出时间去慰问学校的贫困学生。家,这里勉强可以称作家,墙壁没有粉刷,地面没有装饰,房顶只有一台电风扇,不时会有小鸡小鸭来到你的面前。但在一面墙壁上,整齐贴着她得到的奖状,久病的父亲、母亲自豪地告诉我们,孩子奖状是各科考试得到的。

"穷人的孩子早当家",在大城市待久的我们,难以想象在这样的环境中,弱小的肩膀如何挑起生活的重担,面对生活的艰辛。

另一位学生是名孤儿,和奶奶、叔叔相依为命,奶奶年过七旬,但精神不错,说起孙子的学习,奶奶颇为自豪。我们被奶奶乐观的精神所感动,被他们"不抛弃、不放弃"的精神所感动。看着祖孙俩相视而笑的情景,看到他们眼中希望的火苗,我们的心被震撼了,泪水模糊了我的双眼,希望我们可以为他们做得更多。

让梦想生根发芽

— 滕怡璁 —

气温渐降,秋意愈浓,在平安小学支教的第四天既有惊喜也沉重。惊喜在于今天下午的手工课,为了这节课我和其他几位老师提前花了不少时间准备教具,但看到课后同学们展示自己作品时脸上流露的自豪和喜悦,就会觉得辛苦和准备都是值得的。

最让我意外的是坐在我们班最后一排的一男一女两个学生,他们做手工时虽然一言不发但是非常细心,做出来的小灯笼也十分漂亮。仔细观察不难发现每个班里

都会有这么一两个"最后一排",坐在最后的他们有时会被班上的其他同学孤立嘲笑,照集体照时没人愿意靠近他们,上课时老师不会注意他们,座位也和前一桌的同学隔了半个座位。因为接受能力稍逊于其他学生,他们与其他同学之间就被隔开了不可逾越的半个座位,然而只要能给予他们足够的关注和照顾,相信他们也并不会比任何人差。

沉重是因为下午的家访,拜访的一男一女两个学生家中虽然情况并不乐观,但都是特别懂事的孩子。尽管谈吐中难掩稚气,在谈论起家庭情况时却透露出与同龄孩子不一样的成熟。家访回来的路上,没有了过去几天放学后相互交流一天见闻的欢声笑语,大家都一言不发。这样的孩子还有太多太多,我们有限的能力也许无法直接帮助他们摆脱困境,但希望能在他们心中种下信念的种子,以他人的援手和自身的坚持为土壤,让梦想生根发芽,并一直延续下去。

支教六宗最

- 戴辰 -

支教是一次苦并快乐的经历,听过了支教的苦,感受了支教的不易,让我们换个角度,通过支教六宗最来感受一下支教过程中趣闻乐事。

最"不务正业"的志愿者:崔超

定"最"理由:有一个人,他一直没有加入主科的教学当中,直到某班主任老师多次"邀请",才出马为同学们上了一堂精彩的语文课。他就是队长崔超老师,作为一个来支教的志愿者,竟然逃避主科教学,实在是有

点"不务正业"。

获"最"旁白：实际上崔老师是所有志愿者中工作最辛苦、工作量最大的一个，他不但要完成好教学任务，还要负责与学校老师的整体沟通和具体安排，包括志愿者们的衣食住行都要安排好，另外还有每期支教特刊的连夜排版和发布，以及最后的主题班会的构思和导演。所有的这些工作压得崔老师不得脱身，不务正业实是为了不误正业，崔老师辛苦啦！

最"张冠李戴"的志愿者：樊川

定"最"理由：樊老师博学多才，风度翩翩，可谓人见人爱，花见花开。可他总是把各位战友的姓氏搞错，让大家很是无奈，到最后所有人都已习惯了他对着崔老师狂喊戴老师大

号，对着王岚老师轻唤滕老师芳名。最夸张的一次是在某深夜，樊老师正在为当期的"樊人不凡"苦思冥想，突然对着室友戴老师说道："戴老师，请问魏晨的晨怎么写？"可怜戴老师白天被学生摧残得反应迟缓，思维混乱，没有悟出其中的玄机，直接呆呆地回答："魏晨的晨就

是早晨的晨。"于是就有了第二天早晨的"美术音乐自然，崔超樊川王岚；英语数学语文，怡璁文晶魏晨"，还好崔超老师作为特刊主编明察秋毫，挑出了樊老师的错误，把魏晨改回了戴晨，但也忽略了晨字上的错误，戴老师只好临时改名，戴了一天太阳帽。

获"最"旁白：樊川烦不烦？不凡！

最受人爱戴的志愿者：戴辰

定"最"理由：黑板上"戴老师留下来"的大字，同学送给戴老师的泡泡糖，班主任老师临别前赠予的自种花生，这些无疑都表明戴老师是最受爱戴的。

获"最"旁白：群众的眼睛是雪亮的。

最富有感性的志愿者：马文晶

定"最"理由：看似坚强的马老师却是几名志愿者中最易感动的。在对学生家走访时，了解到孤儿学生的家庭条件困难，马老师第一个落下了眼泪，一

下子把大家强忍住的泪水全都激发了出来。

获"最"旁白：女人是水做的，马老师是洪水做的。

最土洋结合的志愿者：滕怡璁

定"最"理由：滕老师是土生土长的南宁人，对当地语言文化更加地了解和熟悉，比较其他志愿者可以更轻松地与同学们交流。作为广西大学英语系的在校学生，滕老师理所当然

地接受了所有英语课教学的任务，可谓是说着南宁话，教着外国文，土洋结合，Very good!

获"最"旁白：立足本土，放眼世界，我是滕怡璁，我为自己代言。

最后一课，不说再见
- 樊川 -

"我希望有一天，地下的烈火，将我连这活棺材一齐烧掉，我应该在烈火与热血中得到永生！"这是叶挺在监狱的墙壁上题写的为后人广为传颂的革命烈士诗。一节由全体志愿者精心安排的，名为"向国旗敬礼，做有道德的人"的爱国主义教育课，在这首《囚歌》中拉开

了序幕。

烈士英勇独白，仿佛把同学们带回到战火纷飞的年代；周总理外交风云，让同学们领略到共和国缔造者们的勇气、智慧和风采；游戏与互
动，让同学们深深地体会到文明的进步需要所有人共同努力，道德的发展则需要不断传承，继往开来！

是啊，无数的革命先辈，抛头颅、洒热血，用生命谱写了一曲曲响彻云霄的民族正气之歌，或"我自横刀向天笑，去留肝胆两昆仑"，或"一息尚存须努力，留作青年好范畴"。

他们把鲜血汇入了中国人民争取民族解放的革命洪流，染红了共和国的五星红旗；把生命献给了伟大祖国，为了祖国母亲的建设与发展奋斗不息。

时光荏苒，岁月如梭。

支教的最后一天，当孩子们一个个挤到我的身边问起"樊老师，下午上什么课"的时候，我一时语塞，因为一会儿我就要离开这既充满希望又满富回忆的地方。

五天的时间，就似一眨眼，转瞬即逝。时间虽短，但孩子们那一张张纯洁可爱的笑脸、一幅幅美丽率真的画作、一个个不知疲倦的身影、一句句真挚贴心的话语，都给我留下了深刻的印象。一只米奇公仔、一个真切的愿望、一张充满诗情画意又满含汗水的画，是孩子们送给我的临别礼物。这些不是普普通通的礼物，是一种祝福，是一种希望，更是一种财富。

孩子们，不必记住我的名字。当你们以后想起我的时候，只要记得曾经有一群人，帮你们打开远望的窗，助你们点亮明天的灯，为你们扬起希望的帆。他们的名字，叫志愿者。

希望你们能够不断努力，继续前进，完成学业；

希望你们能够走出大山，实现梦想，开创属于自己的世界；

希望你们以后也能够成为志愿者，将爱心一代代传递，永不停歇！

收获
- 马文晶 -

又是一个明媚的早晨，如我们刚来到学校的那天。几天前，我们怀着忐忑的心情、满腔的热情来到这里，而今天，我们的心中充满不舍，今天上午，我们将为孩子们上最后一节课。

为了给同学们上一节生动的爱国主义教育课，队友们头一天晚上不仅要写自己的稿子，还要熬夜找素材，背台词，希望站好最后一班岗。

上课了，我们都要去五年级2班上课，其他班的孩子们趴在窗户上，大声地喊着我们，他们这节课没有老师，他们是多么希望我们再给他们上一节课啊。看着他们渴望的眼神，我们决定上

完这节爱国主义教育课,再为自己班的同学上一次课。也许是他们感受到了离别的滋味,最后一堂课孩子们异常安静、听话,认真听老师说的每一句话、每一个字。

每天,看着孩子们在操场上就着扬起的尘土,吃着买来的豆制品,我们不禁要问,孩子们如何健康成长?城里的孩子都是在家吃父母做的早餐,或者学校提供营养早餐,而他们只能吃这样的早餐;饮水也得不到保障,口渴的孩子要不就在小卖部买不知名的饮料喝,要不就只能忍耐。在这样物质匮乏的环境中,孩子们呈现给我们的永远是天真灿烂的笑脸。张张笑脸都定格在照片中,令我们久久回味。我们给予他们的是短暂的欢乐,我们希望带来的是更好的师资,更好的学习环境。

回想起队友们相处的点滴,我心中一股股暖流涌动着。还记得那天吃饭,队长发现我的嘴唇颜色不对,便询问我有没有不舒服,其他队友忙上网查症状原因,又拿湿纸巾让我擦嘴唇,喝水漱口,当我自己确定没有什么问题时,他们才松了一口气。他们是那么善良,那么纯粹,如我们之间的友谊。为了同一个目标,我们走在了一起,为了同一个梦想,让我们共渡难关。

此次支教活动,收获颇丰,不仅有孩子们的欢笑,还收获了几位志同道合的朋友。在他们身上我学到了许多,团队精神在我们的身上得到充分体现,他们专

业、耐心、富有爱心,我们为了共同的梦想而奋斗。希望我们能帮孩子们撒下希望的种子,希望更多的热心人加入志愿者的行列中来,一起帮助他们成长。

Education is not the filling of a pail, but the lighting of a fire

— 滕怡璁 —

最后一天下午,一行人坐上班车启程回到南宁。五天的时间太短,短到我还没来得及记下班里每个同学的名字。但这五天却过得格外充实,有欢笑、有感动、有忐忑、有兴奋、有心酸、有不舍。短短五天时间的角色互换让我体验了一把当老师的滋味,也切身体会到了当地教师

的不易。

也许和许多初次参加支教的人一样，回顾这五天，总觉得带来的太少而收获了很多。但即使有遗憾，这次的林圩支教行动依然以一堂形式生动的成功德育课画上了圆满的句号。这次的林圩之行对于我，是一份宝贵的礼物，不仅结识了五个优秀的朋友，更让我学到了很多课堂和老师不能教给我的东西。这是我第一次参加支教，但它绝对不会是最后一次。

叶慈说，Education is not the filling of a pail, but the lighting of a fire——教育不是注满一桶水，而是点燃一把火。不敢说这次的林圩之行，我们是否能点燃一把火，因为每一名志愿者也许只是星火，但所谓众人拾柴火焰高，星星之火只要聚集在一起，足迹所能遍及之处，点燃的火把兴许可以照亮一些人的未来。

04 贵州毕节斗湿冷
群山环绕鼓乐声

生命的色彩

■ 崔超

当航班穿越云层，白色的云朵在眼前掠过，如雪一样的白色，让人思绪连篇；
当车子翻越山川，青色的山脉从窗前走过，如钢一样的青色，让人心生敬畏；
当小路缠绕着峻岭，绿色的植被映入眼底，如梦一样的绿色，让人备感生机；
当我们走在小路上，红色的服装分外耀眼，如火一样的红色，让人充满力量。

贵州毕节斗湿冷 群山环绕鼓乐声

我们来了，在北京立冬的时节，

我们来了，在贵州毕节的乡间。

此行很远，我们跋山涉水，翻山越岭；

此行很近，心与心的交流，唤起生命的光亮。

四年来，北京分行的支教志愿者们，利用年假时间，奔走于祖国各地的平安希望小学。

从广阔的辽西平原，到重庆的马鞍小镇；从广西的林圩山区，到贵州的织金苗寨。

他们用激情传递爱心，他们用乐观诠释希望；他们用专业传授知识，他们用奉献汇聚力量。

一年四季伴随着色彩的变迁，一次次支教带给我们太多的难忘。

生命的色彩，不因时间的流逝而沉淀；支教的队伍，因为各位的关注而不断壮大。

织金的天气分外湿冷，但残酷的环境，阻挡不住志愿者们火一样的热情；

支教的工作十分辛苦，但满身的困倦，阻隔不了平安银行员工奉献的力量。

来吧，关注我们，这里的故事，将会带给您无尽的温暖；

来吧，加入我们，公益的路上，因为您的加入将充满希望。

平安希望小学支教行，北京分行员工在行动！

志愿者说 ZHIYUANZHE SHUO

让梦想启航

— 田欣 —

行走在乡间的小路上,远处弥漫着层层山岚。这里远离城市,没有雾霾,不再拥挤。炊烟袅袅升起的山间,还有山那边小路延伸的远方就是孩子们的家。

教室、黑板、讲台、课桌,这些于我并不陌生,我备的课早已烂熟于心,但一踏进教室,站在讲台上,面对孩子们我还是多了几分忐忑。开始上课后,我发现孩子们非常愿意听,每次一说到他们熟悉的事,他们就会迫不及待地大声告诉我他们所知道的,课堂气氛比我期待的要好很多。

下午的体育课,我和一个四年级的女孩聊天,她没有和其他同学一起玩,只是在一旁静静地坐着。

"老师，您知道我最怕什么吗？"

"我最怕我妈妈生气。"

"妈妈带我去过福建、重庆，还有四川……"

"我以前的梦想是当明星，现在的梦想是永远和妈妈在一起。"

"爸爸……不知道……"

"放学了，可我不想回家，妈妈很久没回家了，家里只有我和奶奶……奶奶喜欢的是大哥……"

孩子的每句话都像针一样刺到我心里，我大概无法体会她每天回到家后的阴沉，也无法体会她每天盼望妈妈快点回家的急迫。这里超过百分之八十的孩子是留守儿童，他们很少见到自己的爸爸妈妈，他们需要的不只是眼界与知识，更需要的是关心与温暖。

我愿自己能给他们带来阳光，像快乐的小鸟，迎着希望自由飞翔。

用爱托起梦想
- 朱宝瑞 -

第一天的支教生活，充斥着好奇、紧张、兴奋、激动，像调味瓶一

般，搅乱着我的内心。

当清晨的曙光还被雾霭掩盖的时候，我和几位老师早早地来到校门口，等待着同学们的到来。"早上好，同学"，我们热情地向他们打着招呼，年纪小一点的同学害羞地低下了头，笑着径直地跑进校门，不时地回头看看我们；年纪大一点的同学，微笑地向我们鞠上一躬，伴随着一句"老师早"，小跑着进了校园。他们是那样的淳朴，那样的单纯。

通过和几位同学交谈，我们了解到，这里的学生大多都是苗族，他们居住的地方很远，每日上下学都要走上几公里路，他们衣衫褴褛，鞋子上还带有翻山越岭的痕迹，看上去着实让人心疼。

作为队里的男生，我第一个披挂上阵，给四年级的同学讲解恐龙的知识。为了让课程精彩，同行的老师，特意为我准备了恐龙化石样本，我刚刚拿出来，一时间教室内沸腾了，学生们一拥而上，迫切地想一睹化石的真容，这种场面真是让我一生难忘。

时间过得真快，课程还未结束，转眼间就下课了。当我正要收尾的时候，学生们竟意犹未尽地向我投来各种各样的问题，于是逼得我拿出了撒手锏——"预知后事，请听下回讲解"，这才使我逃离"虎口"。

就这样我结束了我的支教"处女秀"。总结一句话，支教是一种磨炼，一种奉献，也是一份收获。

光棍节的洗礼

■ 崔超

今天是11月11日,光棍节。志愿者们没有时间加入网购血拼的大潮,而是在讲台上、山路间,接受着心灵的洗礼与感怀。

时至冬至,贵州省毕节市织金县的天气异常的阴湿寒冷,连夜的冬雨,将气温降至5℃以下。由于住处和学校没有空调,志愿者们身着保暖秋衣、秋裤,外穿全套冲锋衣外套,面对湿冷的环境,还是冻得骨头生疼、鼻头发凉。

为了能把这里的故事第一时间发回北京,志愿者们如往期一样,坚持"白天教研组、晚上编辑部"的工作精神,埋头备课,奋笔疾书。

支教第二天,志愿者们克服了连夜备课、通宵写稿的疲惫,以满腔热忱投入当天的教学和工作当中。特色的课程,赢得了老师们的肯定;真诚的教学,让志愿者与同学们的关系越发紧密。

下午放学后,志愿者一行在蔡校长的带领下,踏上了家访的路途。翻过三座山头,踏过泥泞的小路,志愿者们历经一个半小时的山路,来到了这个位于半山腰的水族山寨。志愿者首先走进的是一年级同学韦金伟的家中,面对一贫如洗的陈设,面对漆黑、杂乱的屋子,志愿者被眼前的一切惊呆了。通过了解,志愿者们得知,小韦的爸爸刚刚去世不久,孩子和奶奶、妈妈一起生活。小韦有两个姐姐,大姐外出打工,二姐在读初三。志愿者们向小韦的奶奶送上了食用油、大米和牛奶,并向小韦送上了崭新的书包和文具。志愿者们临走时告诉小韦的奶奶,要让孩子们坚持上学,不要放弃。

家访的第二个孩子叫林仁斌,孩子有着一双明亮的大眼睛。校长告诉我们,这个孩子在学校特别乐于助人。孩子告诉我们,他长大以后想成为一个发明家,发明宇宙飞船。孩子的家中同样家徒四壁,一个煤炉的周边,围坐着孩子的妈妈和哥哥。哥哥今年14岁了,由于耳朵失聪,他已经不再上学了。孩子的父亲在城市打工养家,孩子的妈妈照顾两个孩子。可以看出,仁斌寄托了这个家庭很多的期望,我们也祝福这个孩子能够好好学习,为这个家庭带来新的希望。

家访归来，天色已黑，蜿蜒的山路如同一条丝带，在陡峭的山峰间盘旋。由于没有路灯，加之大货车的穿梭，志愿者们打着手电，相互搀扶着前进。似乎已经记不得腿部的酸软，似乎已经忘记了饥肠辘辘的肠鸣，布满泥土的双腿上，记录着山路的艰难，志愿者坚定的眼神，告诉我们今天的收获与不凡。

志愿者说 ZHIYUANZHE SHUO

咚哒啦咚咚

— 田欣 —

"咚哒啦咚哒啦咚哒啦咚哒啦咚咚……"如果你恰好在小学的时候参加过学校鼓乐队，如果你恰好是学校鼓号队的小鼓手，那么你对这段谱子一定不会陌生。

星期日参观学校的时候，我们无意间发现了学校储藏室尘封已久的小军鼓，儿时熟悉的旋律浮上心头。校长说因为没有老师会打鼓乐队的乐器，所以只能把它们一直放在储藏室。大家顿时来了兴趣，我们这一行七人在小学时都参加过鼓乐队，于是我们决定——为学校成立一支鼓乐队！

为了方便练习，我们把"咚哒啦"换成了"右右左"，还教孩子如

何区分全音和半音。在孩子们一遍又一遍的练习中产生了最终的八个小鼓手。

我拉着他们,说只有自己会打是不行的,鼓乐队是一个集体,什么时候他们八个小鼓手节奏打齐了,才能打真正的鼓。我希望他们能明白集体这个概念,希望能听到他们整齐的鼓点铿锵有力,在山间回荡。

用温情点亮人生
- 朱宝瑞 -

支教的第二天,迎着清晨的曙光,我们踏上了前往学校的征途。给学校带去的物资很重,以至于我和崔老师在蜿蜒的山路上艰难前行,到了学校,手上已出现了深深的瘀痕。

鼓声齐动震天响。在上午的鼓号队的教学中,我带领四年级的24名男生,练习大鼓、大镲、小镲,同学们学得很认真,每一位同学都希望展现自己。由于器械匮乏,他们只能靠用力的击打手掌来展现他们学习的成果。

归家送暖情入肠。随着一声清脆的下课铃,我们结束了一天的授课,准备前去家访。今天家访的对象是一年级的两位学生——

韦金伟、林仁斌。8公里山路,让老师们气喘吁吁,一路同行的小金伟、小林却略显轻松。我好奇地问他们:"你们不累吗?""习惯了。"简单的一句回答,反映出日日夜夜的艰辛。在一个半小时之后,我们来到小金伟的家中,破陋的屋舍外,泛出了乡间特有的恶臭,屋内没有灯,地面还是泥泞的土地,平日里小金伟就是在这样的环境中学习。小金伟有个奶奶,老人年过花甲。在家访的过程,我看到小金伟蹲在地上,伏在小板凳上,书写着今天的作业。这一刻,所有的老师动容了,感动之情,油然而生。离开的时候,我们给小金伟送去了油、米、牛奶、香皂、书包以及文具,小金伟低着头,嘴里一直念着"谢谢,谢谢……"

支教第三天

■ 崔超

今天是支教的第三天。

几日来的阴雨及高强度的授课,使志愿者们的嗓子都哑了。

阴冷的冬雨以及停电的无奈,并不能阻挡志愿者的热情与执着。

由于停电不能做饭,志愿者们的午餐不得不围坐在一个煤炉子周边,品尝绝世美味佳肴——剩米饭+清水涮白菜。由于天气寒冷,加之一上午授课的体能消耗,志愿者们吃得津津有味。朱宝瑞同学带来的火腿肠、鱼泉榨菜被分食一空。

此次支教活动在以往两次家访的基础上，又增加了两户，志愿者们背着大米、食用油、牛奶，拖着昨日还未恢复的酸软身体，踏上了家访的路程。

此次家访的两户同学，住在距学校一小时山路的苗寨上。志愿者们踏着泥泞、陡峭的山路，来到了此次家访的第一位同学家中。画面中的懂事小姑娘叫杨光美，是小妥倮平安希望小学二年级的同学。我们到达的时候，她的妈妈没在家，去别人家帮忙干活了。正当我们准备离去的时候，在煤堆旁边的屋子里摇摇晃晃地走出了光美的爸爸，我们虽不是学医的，但是从光美爸爸的状态来看，应该是得了非常严重的病，脸上毫无血色，整个人都

在颤抖，好像时刻都有可能摔倒。由于苗寨的很多人，听不懂普通话，学校同行的杨老师为我们充当了翻译。杨老师告诉我们，光美的爸爸得了严重的肝病，全家靠妈妈来维持生计。小光美学习非常努力，成绩在班中名列前茅。

面对这样的家庭，我们志愿者心中五味杂陈。我们为光美的懂事、好学而高兴，为光美爸爸得了这样的病感到伤感。我们希望光美的爸爸能够好起来，支撑起这个家，我们更希望小光美能够努力学习，靠自己的知识和双手，改变家庭的命运。送上慰问品的那一刻，我们看到了孩子感激的目光以

及眼中的泪花。

　　志愿者们相互搀扶,向山寨的更高处爬去。脚下的泥泞浸湿了鞋子,更染黄了裤腿。志愿者们来到了二年级同学杨齐华的家中,同样是简陋的屋子,同样是一无所有的陈设。小齐华的大婶告诉我们,他的妈妈跟别人跑了,爸爸在外面打工很少回来,小齐华就跟着爷爷奶奶、大伯大婶一起生活。从和小齐华的沟通中,我们感到孩子有些认生,不愿意与我们交流,他的眼神甚至都不与我们交流。但从与孩子家人的交流中,我们感到了一丝欣慰,爷爷奶奶大伯大婶都还在关心他、照顾他,这对于孩子的成长来讲也是一种万幸。

　　在孩子的成长历程中,爸爸妈妈的爱是谁也无法代替的。两天来走过的四个家庭中,我们深深地感到,没有了爸爸妈妈的孩子是多么可怜。我们成

年人，好好去生活吧：照顾好自己的身体，为了家庭的幸福，健康的生活；经营好自己的家庭，为了自己的孩子，好好的生活。

祝天下所有的父母身体健康，祝所有孩子幸福快乐。

志愿者说 ZHIYUANZHE SHUO

写给未来的你们
— 田欣 —

"老师，请您好好教她，吴兰她特别想进鼓乐队。"

"老师，如果吴兰输了，她就进不了鼓乐队了……她会很难受的……"

吴兰是她的好朋友，她叫姜梦玲，她们都在四年级。

她很聪明，学几遍就学会了小鼓的谱子。可坐在她前面的吴兰，节奏感却不好，第一次鼓乐队选拔就落选了。

今天有一个小鼓手放弃了参加鼓乐队的排练，我们给了吴兰一次机会，让她与另一名女孩比赛，竞争这最后一个小鼓手名额。梦玲知道吴兰非常想进鼓乐队，于是对我说了上面的话。

谢谢你，梦玲，你让我重新体会到了那份纯纯的友谊，那份在童年手拉手一起走的幸福。希望你们能相知相惜，能踏着彼此的梦想共同前进，

飞翔！

你是否记得，第一次在课堂见到你，我们从陌生到熟悉；

你是否记得，是我们谁先和谁说的第一句话，第一个字。

你能明白我所有的难过生气，

我看得到你所有的快乐欢喜。

回家的路，我们手拉手走过，

教室的课桌，校园的操场，我们形影不离。

听同一首歌，为了回忆一起流泪，

看同一本书，用不同的笔写下眉批；

那些往昔有笑有泪的，属于我们的欢乐时光，

证明我们曾是彼此世界的唯一。

有一天，我们会分离，

前行的路，我的手中已没有了你。

路上会有风有雨，也会有天晴，

在不同的天空，我们拥有相同的太阳。

我用心紧握你的手心，

踏着彼此的梦想前进，

相知相惜，不会忘记年少时的约定。

我们会陪在彼此的身边，

走过遇见的每一天。

坚持就是胜利

■ 崔超

今天是支教活动的第四天。由于天气持续寒冷，加之高强度的教学，所有人的嗓子都哑了。田欣老师感冒有些严重，朱宝瑞老师连续拉肚子，其他老师也都不同程度徘徊于感冒的边缘。

自从北京分行支教特别报道"希望向黔进"开播以来，我们收到了来自多个方面的积极反馈。总分行领导、同事都通过邮件、微信和电话，发来了诚挚的慰问和温暖的祝福；总分行多个宣传渠道，对活动情况进行了持续报道。

北京到毕节2260公里，路途的遥远隔不断大家的牵挂，一句句鼓励、一声声祝福，都化作一团团火焰，带给我们太多的支持与力量。

这是我连续第四次参加支教活动了。从2011年一个人的战斗，到今年的七人大部队，每

一个地方、每一次支教都是一种洗礼与历练。实话说，支教真的很累，白天授课，晚上备课，已经是非常辛苦，而北京分行的志愿者在此基础上，还要承担更多的任务与使命，那便是我们的优秀传统：白天教研组，晚上编辑部。

人们都说：一起享受容易，一起吃苦很难。我特别感谢这些跟我一起战斗的同事们，因为他们的存在，让我每天都充满力量。

朱宝瑞，朝外支行行政综合。俊朗的外表兼顾知识的渊博，勤劳的双手创造太多的惊喜。宝瑞的课上，总能带给所有同学意想不到的收获，同学认可的背后，是下面刻苦的准备和认真的备课。宝瑞此行，恰逢自己的生日和结婚纪念日，他这份舍小家、为大家的精神，值得我们每一个人学习。

田欣，知春路支行信贷综合。干练的短发凸显着她的睿智，娓娓道来的讲述诠释着教师的价值。从十二生肖的传说，到鼓号队的排练，从英语课程的传授，到古诗词的讲述，田欣老师以其专业的知识、引人入胜的讲述，赢得了孩子们的尊重和喜爱。

贺昕，金融街支行客户经理。时尚气息十足，却能轻松驾驭甲骨文；温柔淑女性格，不怕肩扛手提。支教小队因她充满欢乐，支教路上有她负重、导航；齐整鼓声有她辛勤付出，鼓槌起落记录多少心血神伤。

刘聪，东直门支行理财经理。长发飘飘标配银铃嗓音，特色课程获得同学赞誉。最早报名加入支教队伍，认真准备不枉贵州之行。课堂上，她激情四射全情投入；课堂下，她多累不忘客户维护。

邵毓栋，海淀支行客户经理。纤细身材充满运动力量，兼职采访样样都棒。邵老师在操场上是运动健将，在女生课上是少女榜样。她迈开脚步，冲在家访的最前方，她静下心来，为孩子传递知识和力量。

张芳，专业摄像师、剪辑师。年龄不大却才华横溢，大叔面孔如同秀波兄弟。一组组画面用心拍摄，一段段视频用情剪辑。因为他的存在，我们的片子远播万里，因为他的存在，多少故事尽收眼底。

感谢这些优秀的同事，感谢这些陪伴的战友。

团结就是力量,坚持就是胜利,明天我们将用一场特殊的活动,结束此次支教行动。我们相信,北京分行支教小队的呈现,将带给织金县小妥倮平安希望小学的孩子们一次不一样的体验。

志愿者说 ZHIYUANZHE SHUO

支教,请准备好

- 田欣 -

这里的孩子很聪明,每天都会带给你不同的惊喜,歌曲教几遍就会唱,谱子练几遍就会打,游戏学一遍就玩儿得有模有样。但他们聪明得让人心疼。

上了几节英语课,我发现无论是三年级还是五年级的孩子,英文歌唱得都很棒,字母表也背得很流利,他们会说Good morning,也会说What's your name,但让他们单独念某一个字母,他们竟然不认识,有的孩子竟然还念成了汉语拼音。

孩子们渴求知识,喜爱学习并且一学就会,但这里没有英语老师,他们没有机会接受系统的学习,英语显然都是和一批批支教志愿者学习的。由此可见,以往的教学都只是停留在表面,蜻蜓点水,并没有给孩子们打下良好的学习基础。

我相信每一名支教的志愿者都是带着热情和奉献精神参与到支教中

去的，但自己的教学能否真正起到教育的目的，还值得思考。我们需要的是开阔孩子的眼界，丰富他们的知识，激发他们的学习动力，让他们在志愿者离开后可以在原有的条件下获得学习的进步，而不仅仅只是为了丰富志愿者自己的阅历。因为一批批并未明白支教意义的志愿者的到来，已经使有些孩子性格发生了扭曲，带着很强的目的性接触志愿者，从被动接受变成了主动索取，失去了孩子应有的单纯。

支教本身是一件非常有意义的事，如果志愿者们能够明白支教的意义，源源而来，希望工程事业才能够持续、有效、健康地发展，孩子们才能够得到更多的学习机会，幸福快乐地成长。

请准备好，再走进孩子们的生活。

铁打的意志
— 朱宝瑞 —

支教第四天，我们决定和同学们共用午餐。由于学校很小，因此这里的学生只能在室外排队打饭。上午下课后，我和几位老师来到操场北侧球场，长长的打饭队分列着不

同年级的学生。我们有序地在同学后面排队，不时有前面的同学向我招手，试图让我过去插队，我摆摆手，示意他插队不好，他笑着朝我点头示意，一些企图插队的学生，看到后也纷纷打消了这个念头。

今天的午餐是大块的土豆肉片、辣炒豆腐干和热乎乎的白米饭，我们抱着盆，慢慢地咀嚼着，说实话，吃到嘴里的口感真的不是很好，以至于我几次哽噎。我们进食的地方是球场的边缘，样子很像电视剧里桥段一样，蹲在地上，一只手藏在袖子里，托着冰冷的容器，另外一只手拿着勺子，嘴里不时地哈着气。同样的，学生们亦是如此，在寒冷的冬日里，他们没有羽绒服，没有手套，身上仅穿一件单衣，金属盆的寒气

刺痛着孩子们的双手,他们年复一日的这样过活,苦,已经成为习惯。

　　下午的时候,我们召集了鼓号队的成员,为明天的汇报演出进行最后排练,学生们个个气势高扬,老师们更是手把手地进行指导。结束的时候,天色已经渐暗,有些同学家住得很远,离学校要走上十几公里路,但他们不舍离去,"我还可以再练会,老师。"出于安全考虑,我们拒绝了他们的请求。离开学校的时候,孩子们口中一直念着"咚……咚……咚……咚……咚咚……咚……",这个声音在我们心中久久不能释怀。

不说再见　明年再来

■ 崔超

当第五天的天空渐渐变白，志愿者们很早便整装待发。吃过无味的素挂面汤，大家便风尘仆仆向学校走去。

也许是因为要离开的缘故，一路上大家心情略显沉重。五天时间，大家对这里的一山一水、一草一木都越发地熟悉。从志愿者的眼神中，我看到了一种不舍，而作为曾经支教过四次的"老兵"，我知道，这只是今天情绪的开始。

按照北京分行支教活动的惯例，最后一天志愿者们要安排一次特色展示。我们曾经举办过合唱比赛，让孩子们在蓝天下同唱一首歌；我们曾经举办过"向国旗敬礼"主题班会，以情景剧、朗诵、演唱、宣誓等形式，让孩子们知道幸福生活得来不易。此次，北京分行的志愿者们为三、四、五年级的孩子们举办了消防安全演练，让孩子们实战体验火灾发生时的应对方式以及疏散路线。

当三个年级的孩子们来到操场，由志愿者精心排练的四年级鼓乐队整齐列队，这些仅仅练了三天时间就正式表演的孩子们，用整齐的节奏、认真的态度以及投入的表演，震撼了现场的校长、同学，更深深地感动了每一位志愿者。虽然他们的表演还略显稚嫩，但孩子们的表现让我们相信：只要用心去教授,只要坚持去排练,山区的孩子同样可以演奏出震撼的鼓乐。

演奏结束后,志愿者向蔡校长捐赠了文具及书籍,我也借此机会,将从北京带来的两块珍贵化石捐赠给了学校,转达了家人的心意。当全体志愿者向老师、孩子们深深鞠躬时,孩子们深深地知道:老师们要走了。

五天支教的时间虽然短暂，但爱心的传递不曾停歇。平安银行北京分行的七位志愿者在三尺讲台上，用爱播洒汗水，收获了一生的感动。

我们忘不了志愿者们全情投入的授课，忘不了深夜中熬夜备课的艰辛；忘不了孩子们天真无邪的微笑，更忘不了孩子们专注学习的眼神。

多情自古伤离别。不舍离去因为真情的付出，心与心的交流，唤起泪花的涌动。经年以后，我们会记得这里的难忘岁月；经年以后，孩子们会想起，北京来的老师们，留下的点滴足迹。

再见了老师们，这里的孩子因为你们而充满希望；再见了孩子们，希望你们记住今天的美好，用自己的智慧和双手，实现自己的梦想。

让我们共同关注希望小学的发展，一起帮助那些大山深处的孩子；让我们尽自己的绵薄之力，共同托起希望向前进！

志愿者说　ZHIYUANZHE SHUO

感谢有你

— 田欣 —

轻轻的我走了，正如我轻轻的来，
我挥一挥衣袖，作别西天的云彩。

今天是离别的日子，在孩子们轻声唱起《再见》的时候，我知道我已经无法再坚强。这几天与孩子们的相处，他们带给我的远比我带给他们的更多。

来这儿的日子里，从未见过太阳，每天的云都很厚，不愧为"贵阳"，就是这样一个以太阳为贵的地方，孩子们可爱的笑脸，让我想起了已多日未见的阳光。星期四中午与他们一起吃学校的午餐，吃过饭后一起在操场玩儿。他们教我们《春天在哪里》的拍手歌,我们带他们一起玩儿丢手绢,玩儿老鹰捉小鸡。和他们一起跑跑跳跳,仿佛我也回到了童年一般。他们喜欢坐在我们手拉手搭成的"轿子"上,悠荡悠荡,笑得眼睛都眯成了一条缝。这样单纯的快乐,久违了,感谢有你。

我想我会一直记得我们共同成立的鼓乐队,记得孩子们听到要成立鼓乐队时兴奋的样子,记得他们一有空闲就用双手打着节拍认真的样子。会记得姜梦玲和吴兰这两个孩子,她们的友谊,在现在这个物欲横流、尔虞我诈的世界里,那么纯洁,那么珍贵,像一股暖流沁入我的心底,希望她们永远记得年少时的玩伴,记得曾经为了彼此付出的努力。这样纯粹的感情,久违了,感谢有你。

除了孩子们,这些天我还结识了这么一帮可爱的人。虽然同在一个分行,彼此却并不熟悉,甚至是陌生人。因为一个相同的目的我们相聚,短短几天,我们已经成为兄弟姐妹,共同经历阴冷、停电、感冒,也一同分享喜悦、快乐、感动。一路上有你们,让我觉得这里不再寒冷,一路上有你们,让我觉得不再疲惫,一路上有你们,让我感到了家人的温暖。

感谢有你。

终点亦是起点

- 朱宝瑞 -

支教的第五天。离别的日子。

当清晨的微风吹过脸庞,我们再次踏上了熟悉的旅途,一如既往的早晨,心里却多了几分沉重,因为今天是支教的最后一天。

最后的一节课,总是特别难上,当我和田欣老师走进四年级的课堂时,看到孩子们纯真的眼神,我哽咽了。还记得支教的第一天,正是在这个教室,我结识了他们,今天又是这里,我却要跟他们说再见了。按照课程安排,这节课本该是节安全教育课,当讲到一半的时候,隔壁的五年级唱起了张震岳的《再见》,一句句歌声,刺激着我的耳朵,听到歌声,四年级的同学也不禁地开始跟唱,我和田老师彻底被打败了,一旁的田老师更是潸然泪下。

"我怕我没有机会,跟你说一声再见,因为也许就再也见不到你,明天我就要离开,熟悉的地方和你,要分离我眼泪就掉下去……"声音一浪高过一浪。

临近中午的时候,初建的"鼓号队"齐声奏乐,为我们送行。我们向校长、老师、学生们赠送了恐龙化石标本、乐器、书籍以及文具,学生们不舍地和我们一一合影留念。有的同学拉住我问:"老师,明年你们还来吗?"有的同学直接拉住我的小指,"你们明年一定要来,我们拉钩!"我没有回答他们的问题,因为我不知道,这里还有没有机会再来。

离开的时候,老师和学生们把我们送到了校门口,我们不舍地上了车,目光一直紧紧盯着这所平安希望小学,直至校舍消失在茫茫的深山中。

我相信这里不是终点，而是起点。在偌大的中国，有太多这样的小学，有太多这样怀揣梦想的孩子，他们渴望知识，渴望走出深山，渴望社会上有更多的人去关注他们，帮助他们。本次支教行动，作为其中的一员，我很骄傲，在此，我由衷地感谢北京分行的领导们，让我切身感受了这次意义非凡的旅途。

05 海原遥望六盘山 鹅毛大雪不了情

宁夏高原一青松

■ 崔超

瑞雪迎远客,爱心耀平安。经历了4个多小时的长途车颠簸,北京分行支教第三批志愿者,分别开赴了宁夏回族自治区中卫市海原县王井新村平安希望小学以及泾源县六盘山平安希望小学。

也许是老天特别的眷顾,一场大雪隔夜而降,将四周的黄土高坡蒙上一层洁白的银装。清晨6点,志愿者们来不及欣赏奇特的自然风光,而是在寒冷

与黑暗中,静静向学校出发。狂风卷积着雪片,在没有植被的大地上扫过,身着红色外套的志愿者,挺立在校门口前,迎接同学们的到来。零下气温没有阻挡志愿者的热情,一声声问候化作寒风中的暖流,滋润着老师和同学的内心。

一样的场景,不一样的面孔。在寒风中瑟瑟发抖的那一刻,我想起了5年以来,北京分行的那些可爱的志愿者们。辽宁、重庆、广西、贵州还有宁夏,正是有你们的参与和奉献,才让这平凡活动具备了不平凡的意义。

同样,我们要感谢今年支教前两批的志愿者,你们的辛勤付出,树立了北京分行支教志愿者的良好形象,你们的言传身教为我们后续的教学打下了坚实的基础。

第三批支教活动正式启动了,我们将不负众望、不辱使命,在这片热情的土地上,谱写新的篇章。

大雪压青松,青松挺且直。要知松高洁,待到雪化时。

下面为各位介绍一下我们第三批支教的志愿者。

黄江帆,温柔贤惠凸显道德修养,专业授课不乏学霸风姿。教学中您是我们的好搭档,生活中您是我们的好榜样。一江风帆迎旭日,顺水行舟度众生。

曹其哲,中华武术博大精深,悉心传授分外传神。舞台上你用技艺赢得观众掌声,操场上你用耐心培育祖国的未米。其哲是一团火,给人以力量,更带给人温暖。

谭泽洋,靠谱是你的标志,给力是你的名牌。积极主动为大家,你用你的实际行动让我们感受到了新时代志愿者的风姿。

党婉,婉约歌声传四方,细心筹备为栋梁。支行嘱托记心上,思行合一秀芬芳。

道婧,情系家乡愿做园丁,百忙工作坚守前行。期待你的特色课,共叙你的家乡情。

许静,银铃嗓音传遍学校,童趣笑容温暖大家。音乐课上你是麦霸级导师，体育课上你是专业级助教。

王小辰，高大个子瞭望天地，灿烂笑容甜入心里。家属支持担负支教重任，坚硬臂膀托起希望的奇迹。

刘丹，举止大方彰显柜员典范，举手投足给人淑女风范。你是天使传递爱，挥动知识的翅膀，让力量传入每位同学的心里。

李孜瑾，岁数最小但充满力量，一板一眼凸显专业风采。课堂上流利口语征服全场，课堂下欢乐开朗驱散多少疲劳。值得尊敬的"95后"。

张颖馨，媒体朋友志在千里，百忙之中来到这里。用心付出浇灌花朵，用爱收获公益真理。

崔超，很荣幸能和小伙伴们共同度过这段难忘的峥嵘岁月。公益路上，我们一起前行！

志愿者说 ZHIYUANZHE SHUO

我和我的"小苹果"们

— 唐丹丹 —

我看了眼手机，9点39分。备课累了，伸个懒腰，准备找点吃的，突然想到了下午学生送我的苹果。打开书包，一枚干涩的小苹果安静地躺在角落里，散发着暗哑的光。我心里一暖，稍微擦擦，一口下去，真甜！如这一天的故事，缓缓流淌到心间……

第一天上课，我就被委以重任，除了做一年级的支教班主任，还要负责一、二年级的音乐课。想象过和孩子们初次见面的情景，酝酿好了自己要说的话，但当这个时刻真的来临，我的紧张超出了自己的掌控。

我隐藏了自己的"怯场"，按"原定路线"开始自我介绍。我刚在黑板上写下"唐"字，孩子们就大声读了出来，"丹"字就更不在话下。这群小家伙，才一年级，居然认识这么多字，真的是棒棒哒。

孩子们都乐于向我这个新老师介绍自己，争先恐后地举手，有的甚至站在凳子上举手。我有些感动了，想起上大学那会儿，老师每次提问，大伙立马埋头，哪有现在这样赤诚相见的光景。

我笑着在教室里穿梭，认识了每一个孩子。下课后，小男孩围着我，小女孩拉着我跳皮筋。此时，羞涩的回族姑娘小梅悄悄挤到了我身边，拿出一个苹果往我手里塞。我被小梅的眼睛吸引了，那是一双笑意盎然的眼睛，清澈悠远，如两个倒挂的小月儿。我弯下身轻轻告诉小梅，心意老师领了，但希望她自己留着吃，小梅怯怯地摇头，把苹果再次塞给我，这一次，我握住了苹果。

看着小梅开心地跑回教室，我的心里五味杂陈。温暖、感动、怜惜、不忍，兼而有之，又不能概况全部的心情。记起当地同事说过，这群孩子不一定能上完小学课程，有些还因为家里太穷，不得不出去打工挣钱。

这些贫苦人家的孩子，午饭往往只能吃上一道寡淡的青菜。我不知道这个苹果是从哪里来的，也许是小梅自家树上结的，我只知道，孩子们比我更需要吃上一个苹果。

握着这个苹果，我下定决心——竭尽所能上好每一节课，珍惜每一个与孩子们相处的机会，把爱和希望传递给这里的"小苹果"们！

初踏大西北

— 朱宝瑞 —

怀着对大西北的向往,我们来到了位于海原县的王井新村平安希望小学。漫天的尘沙席卷着广阔的天地,这让我们再次意识到:我们真的来到了大西北。

走进校园,呈现在眼前的,便是简陋屋舍和正在修建的操场。这里的孩子开始和我们接触的时候大多怯生生地不大敢说话,远远地观望着我们,但老师们的热情和爱心,一下子缩短了孩子与我们的距离。在玩过"萝卜蹲""小蜜蜂"等游戏后,孩子们渐渐打开了心扉,不再是羞怯的样子,脸上开始洋溢着童年该有的灿烂的笑容。一曲《我爱北京天安门》,齐声高唱,激起孩子们童真的活力。课间孩子们久久依偎在我们身旁,渴求再给他们上一节课,言语间充满了对我们信任和依赖。

在这些留守儿童的心里,我们——是他们获取知识的源泉,是他们走出大山的希望,更是他们获取温暖的"家"。

海原初日

党婉

从银川到海原,映入眼帘的黄土高坡,带来无尽的孤独,一个人一群羊,面朝黄土背朝天,顿生敬畏。

来到海原第一天,白雪皑皑,北风凛冽,校门外的晨迎,显得有点生涩。孩子们背着书包,三五个一拨,跟我们打招呼,他们似乎适应了我们的到来,并不感到陌生,一个劲儿地"老师好、老师好",特别热情活泼。孩子们的脸上,由于长时间被大风吹,有点皲裂,衣服也不像城里小孩那么干净整齐,这么冷的天气,我们冻得直跺脚哆嗦,而他们还有人穿着露脚背的步鞋。

这是我的第一次支教经历,我看到的和感受到的确实给我很大触动。明天下午是我的第一堂音乐课,但愿能像歌词里唱的那样,让童真插上梦想的翅膀,放飞希望!

愿这冰天雪地里　有你们的欢笑温暖
— 李孜瑾 —

今天第一天支教，起床6点天还蒙蒙亮。出门一看，白雪皑皑，包围着树木还有这座城市。赶紧把所有能穿的厚衣服通通套上，心里还是冰凉凉的。"老师好，老师早上好，老师您来了。"一到了学校即使还没有互相认识，便被哪怕睡眼迷蒙的孩子们的甜美的叫声暖和了。被叫老师的感觉真甜，真甜啊。

下课时被好多孩子围拥着玩游戏，老鹰捉小鸡，丢手绢，我教他们玩五毛一块钱的游戏，欢笑包围着这小学校还有这片土地。有个小女孩羞涩地悄悄递给我一个苹果，顿时觉得整个世界都亮堂了，她说从奶奶家摘的想送给老师；还有小女孩送我了一张画，上面画着七色花。我知道这七色花包含着一个小女孩的小小童真和憧憬。

放学了，目送着全校孩子欢笑着放学回家，这时候寒风不再冷，太阳从西边落下了，却从心里出来了。这冰天雪地啊，挡不住这温暖挡不住这欢乐。愿我也能一直当个小太阳，去温暖一片土地也好，一棵小草也罢。这个突然来临的冬天不再那么冷，谢谢孩子们的欢笑，温暖着我们支教老师和这个小小的城市，大大的世界。

六盘山,我来了
– 谭泽洋 –

早上出门,外面就已经有厚厚的积雪了,气温也降到了零下!吃过早饭后,我们驱车1个多小时前往六盘山平安希望小学。

来之前心里想了很多种在学校与孩子们见面的场景,但是当我们的车开进六盘山平安希望小学大门的时候,心里还是被触动到了。

我们走在操场上,正好赶上学生们课间,学生们见到我们就喊"老师好"!印象最最深刻的就是,学生看到我们的那种亲切的眼神,有几个孩子见到我们不仅叫老师好,而且还同时向我们九十度深鞠躬,那种感觉真的无法用言语来形容。学生们在放学时跟我们说再见,充满期盼地询问我们明天还会来吗,深刻地感受到自己肩上的这份责任和使命。在这里的每一天,我们都会好好地陪伴学生们!给学生们上好课!明天,加油!

找回纯真的快乐
— 许静 —

第一次跟着平安大家庭出来支教,还是很兴奋的,因为不了解孩子们的生存环境,也第一次来这样偏远的小县城和小村子,心里无限向往。

早晨睁开眼,外面还是漆黑一片,偶尔可以看到灯光照射的雪泛着亮光。海源下雪了。我们怀揣着对孩子们的热情,早早地来到校门口开始了一天的支教活动。

我们在校门口站成两排对走进的每一位同学问好,看到孩子们脸上露出的笑容,寒冷已然不算什么了。也许孩子对我们并不陌生,很自然地向我们回应,一声声"老师,早上好"融化了冰雪带给我们的寒冷。天是冷的,心是暖的。

今天的主要任务是大家一起给孩子们上课！我有一节英语课，两节体育课，听到孩子们大声的朗读声，仿佛看到15年前的自己。体育课在修建不完整的一块空水泥地上进行，上面有很多碎石头和尘土。宁夏的风很大，陪着孩子们在操场上经历了两节体育课，风吹得脸很疼，耳朵鼻子里都是土，但是看到他们认真学习的样子，这些漫天的尘土又算什么。

孩子们下课喜欢冲到我们的临时办公室，围着我们，我们和孩子们一起游戏一起跳绳一起聊天，他们的眼睛像黑夜里闪闪发亮的星光，可以照亮这个世界。和孩子们在一起这种纯真的快乐，有多久没有经历过了呢？

时光过得很快，一转眼下课的铃声响起，我们陪着孩子们玩了很多自己童年的游戏，忽然发现自己仍然有一颗童心，也希望自己能怀揣着这颗纯真的心面对今后的生活。

活着的意义
— 张颖馨 —

"老师，你的手好白。"如果这句话放在平常，我的内心一定是各种狂喜。但当宁夏海原王井新村平安小学一个三年级的孩子对我说时，我竟无言以对。

捧起那双透着凉气的小手，黑乎乎的，稍显粗糙，她把手缩了回去，"我的手没有老师的好看。"说着，害羞地低下了头。我赶紧抓住她的手，告诉她这是因为地域、气候的因素影响。其实，我心里清楚，哪个农村孩子的手上会没有些"痕迹"呢？在之后的交流中得知，这个小女孩每天放学回家后,都会帮着爷爷干农活(孩子父母常年在外务工,家中仅有爷孙俩人)。先不说一线城市里有几个同龄孩子能这样做,就连我这个26岁的人也同样做不到,从没有任何一个时刻会觉得自己的手如此"扎眼"。

把这个小细节落诸笔端,不是要求大家都去做些什么,只是分享此时此刻自己最真切的感触:珍惜生活。同样的年纪,我们不必承担来自生活的各种压力;同样的年纪,我们都有父母陪伴在旁;同样的年纪,早餐得到一颗鸡蛋,我们绝不会幸福感"爆棚",感觉拥有全世界……

支教第一天,海原便"裹"了厚厚一层雪。站在王井新村平安小学校门口晨迎,每个人都冻得直哆嗦,但当我看到小伙伴在收到孩子们送来的爱心图画后湿了的眼眶,看到小伙伴在第一堂课上便与孩子们"打成"一团,我知道,一切都值了……突然想起奥地利作家所写的《活着的意义》一书,或许每个志愿者在城市中找不到的意义,现在找到了……

放飞希望

■ 崔超

有一首新歌,在我没来之前就已经学会,有一个愿望,在我们到来之后被校长告知,那就是把《放飞希望》这首歌,教会一至六年级所有的孩子。

这是一首只有简谱,网上没有原唱和伴奏的新歌。实话说,旋律跨度大、转音多,对老师来讲都很难唱。面对几乎没有音乐基础的孩子们,要在一至两节课教会他们,确实很有挑战。

校长提出了要求,我们的任务就是帮助校长实现梦想。于是,我们几位志愿者就开始聚在一起,在冰冷的办公室里一句句地熟悉歌曲,并根据各自特长,分年级安排授课。

不得不说,我们的志愿者老师在音乐方面确实很有天赋,不仅音准、节奏没得说,音色和教学技巧更是一级棒。今天下午,当这首歌在不同年级同时唱响的时候,校长是欣慰的,同学们是有收获的,而我们的志愿者确实是很累的。

给小学生上课真的不容易。志愿者老师不仅要完成

准备的课程进度，更多的精力还要放在维持课堂秩序上。我们深知一年级是块难啃的骨头，于是我主动挑起了这个艰巨的任务。好在有曹其哲老师的鼎力助教，加之比较丰富的教学经验，我们算是把这首歌曲教了下来。

面对低年级的孩子，我们是会抓狂的。他们字都不认识，更别提识谱了。在给他们上课的过程中，其实也是对我们自己的历练。他们调皮捣蛋，我们要以宽容之心面对孩子，他们能力有限，我们要以负责之心悉心教授。我们传唱的是音符，我们传授的是知识，我们放飞的是孩子们天真无邪的梦想。

志愿者说 ZHIYUANZHE SHUO

谢谢远方的你们！

- 唐丹丹 -

今天是给学生上课的第二天，放学把学生们送出校园后，我们几个支教老师终于长长地松了一口气，无奈地对笑着，谁也不想说话，因为嗓子哑得都说不出话了。这群古灵精怪的小家伙们，一下午把我们折腾得精疲力竭（毫不夸张）。才上两天课，我们就感觉如此疲惫，那这里的老师们是多么不容易啊！

这所学校一共七个班，一至六年级，再加一个学前班，包括校长在内一共12名教职工，每班每天6节课，那么平均每位老师每周要上17.5节课！还不包括其他的辅导时间，Oh my God！

今天，暂搁可爱、善良、顽皮的学生们，我想聊聊这几天所接触到的这所学校的老师们，尤其是这位柔中带刚、理性、坚毅、有想法有远见的女校长。只见过两位男老师，其余均为女老师。她们为当地回族人，裹头巾或戴帽子，因为是穆斯林。她们穿着利落、大方，很多女老师都爱穿红色呢子大衣。看过她们的简介，大多是宁夏大学专科毕业。她们为人和善，说的普通话夹杂着当地方言，与我们交接工作时，知性而又热情，平常与同事交谈时笑声款款，而上课时却是一丝不苟、认真负责。她们爱笑，笑起来脸上泛着当地特色的"高原红"，淳朴而又美丽！待我们志愿者老师也是十分亲切与热情，宛如自己的大姐姐。

其中，最令我敬佩的是约莫四十岁的张小兰校长。她留着干练的短发，长得十分端庄，有气质。穿着休闲正装，给人的感觉是：干净、清爽！说话温柔却透着韧劲儿，逻辑严谨，层次十分清晰，这从支教活动启动仪式上的讲话可感到，我们几个支教志愿者不约而同有此感想。她大部分时间看起来很严肃，像是时时在思考着很多事情，偶尔会浅浅地笑笑。是啊，这所学校今年九月才搬进新教学楼，操场都没有，日夜都在施工，就连学生正常的上课都会受到很大程度的打扰，这让一校之长如何能在脸上时常挂着笑容。她心系这所学校，心系这里孩子们的学习与未来。从第一次接触张校长到现在，我一直在想，是什么样的一种精神与力量在支撑着她——这个女校长，坚毅而决绝地打理好这所说大不大说小不小的希望小学，是人民教师的教书育人的责任感，还是教育家的无私奉献的使命感？

总之，我很钦佩她，也很尊敬她们！正是这群可爱而又富有责任心的偏远山区教师，才让荒凉之地也飘散着知识的芳香。

难忘的家访

- 党婉 -

支教第二天，我开始了自己的第一节音乐课，略有激动。提前20分钟就在教室门口等着,生怕完成不了教学任务。这首《放飞希望》难度非常大,二年级的同学们很快掌握了歌词部分,扯着嗓子唱得相当认真。当我将奖品送到他们的手中时,孩子们欣喜地赶紧藏进自己的抽屉,如视珍宝的感觉。看见同学们在便笺纸上写"我的理想",不由得想起我小时候的理想,今天,三尺讲台上也有了我的身影,孩子们簇拥在身边,"老师、老师"地叫着,幸福。

下午放学后去家访,学生在前面带路走了3公里,路虽不远,但公路上很多大卡车高速经过,甚是危险。家访孩子的家里爸妈已经都不在了,跟着爷爷奶奶一起坚强地生活,很腼腆的回族姑娘,笑起来非常迷人。当我们问到他们家里的一些情况时,爷爷激动地描述,眼里泛起了泪花。奶奶一个劲儿地说,共产党好啊,习主席在电视里也讲得好啊。这样朴实的情怀,我也随之感动。

真心希望我们这次支教活动能给孩子们带来收获,希望孩子们能在平时的学习中树立正确的人生观,好好学习,闯出自己的一片天,改变自己的生活。

最美错别字

- 李孜瑾 -

"迎着灿烂的朝阳,风筝轻轻在歌唱,我们放飞希望……"这首歌今天在脑海里不停回放,原因是音乐课要教所以大家嘴里哼的,心里念的全是这调调,回荡在

整个校园,放飞了好多希望,荡漾着许多梦想吧。

一下课我们的小办公室被低年级的小乖乖们围满了,我们细心地教他们折纸,千纸鹤、百合花、蜻蜓。

他们爱不释手地拿着这一个个小礼物,我顿时觉得特别心塞,这普通的彩色纸被当作宝贝一样,在城里孩子的眼里只是画错了可以随手扔掉的东西,却是这些孩子看见村里以外大千世界的一扇扇窗户。他们想要探出头去看见五彩缤纷,想要给自己的人生鲜艳上色,这童真真真切切地感染着我。上音乐课时小静老师让大家在彩纸上写自己的梦想,"我想当老师,像你们一样","我想长大后去北京看你们,我会好好努力学习实现的"。还有个小男孩羞涩地写着:"我爱你们,我知道你们很辛苦,我会一直想念你们。"顿时感觉自己都忍不住要哭了。还有兜里都快装不下的苹果,没吃一口都觉得真的是世界上最甜的味道。还有小朋友塞给我自己折的小卡片,上面写着"李自井老师,我喜欢你上

课"。虽然就三个字的名字给我写错俩,但这或许是世界上最美的错别字了吧。

晚上我们一起去家访,这两个小孩子都非常内向,一路上交流都是十分被动的,但也间接地了解了一下他们的情况,都是爷爷奶奶带着的,男孩父母在外地打工,女孩父亲车祸身亡母亲改嫁了。也怪不得说性格那么内向,感觉这些孩子缺的也似乎不是物质上的东西,而是少了爸爸妈妈的童年,会少一种爱吧,挺心疼的。天色暗了下来,静静地回想起这一天的点滴,虽简单,但真真真美好。

支教第二天
- 谭泽洋 -

今天学生和我们都很熟悉了,经过昨天一天的相处,学生们都能叫出我们每个老师的名字,心里真的是暖暖的!

今天印象最深的就是下午给班里的男同学开设的乒乓球课,我给同学们从北京带来的乒乓球拍子和乒乓球,校园里有一个水泥砌的乒乓球台子,球网是我在上课前用砖头摆成的。虽然条件确实很艰苦,但是同学们都很专注!回想起自己17年的打乒乓球经历,能够手把手教给山区里的孩子们,哪怕是只有短短的40分钟,我也想把更多的教给他们。

下午放学后,我们去了马鹏程同学家里进行家访,我们给他带去了书包以及文具用品。他们家中一家四口挤在一个十多平方米的小屋里,除了电冰箱,没有一件像样的家具。与其父聊天的过程中得知,马鹏程还有一个哥哥在泾源县里上高二,鹏程爸爸因为在银川市里打工时意外导致小腿粉碎性骨折,只能在家中做饭照顾家里,他的妈妈一个人在外打工挣钱。鹏程爸爸告诉我们，两个儿子就是家中唯一的希望，无论怎样，哪怕自己受苦，都要把孩子培养成才！因为他说，不想让孩子走自己的老路，只有考学是走出这里的唯一出路。希望马爸爸能够早日康复，孩子能够实现爸爸的愿望！

分享的感动
- 张颖馨 -

午休时，心里七上八下的。"紧张什么，见过了多少大咖，这点场面就hold不住了？"这是几个媒体朋友在微信群里对我说的话。其实，不是退缩了，是担心自己的一点小小失误会给孩子带来错误的引导。于是，我把平常熟悉得不能再熟悉的单词重新标上音标、写明用法……我

想我要的不是hold住他们,而是真的让他们学到实用的东西。

课堂上,孩子们使劲扯着我的衣角、攥住我的手,只为让我告诉他们一个单词的发音。坦率说,他们对知识的渴望、对生活的热情深深地触动了我,这点我始料未及。

拳头般大的橘子、精致的手工小提篮、十分拉风的棒棒糖……这群孩子下课后没有第一时间跑出教室,而是围在我身边与我分享他们的"宝贝"。一个戴着白色帽子的回族小男孩,捧着三只气球递到我手上,害羞地笑了笑,又赶紧退回座位。接到气球的那一刻,久违的充实感回来了。2015年,我第一次找到这样的感觉……

静静想来,孩子们的愿望其实很简单:学到新东西,在成长的过程中有人陪伴。虽然无法永远陪伴着他们,但我们一定会尽己所能,让这群孩子越来越好。

家访，精神的洗礼

■ 崔超

家访，每次支教的必修课。之所以称之为课，是因为这一环节是对志愿者精神的洗礼。辽宁支教，我了解了班里调皮捣蛋孩子的诱因；重庆支教，我体会到了山路崎岖孩子上学的不易；广西支教，我认识到了养家糊口的艰

难;贵州支教,我看到了留守儿童的痛处;而此次宁夏支教,我感受到了回族老乡的热情好客以及他们身上的那份坚韧。

我们家访的孩子大都是家庭困难、父母不全,他们和爷爷奶奶一起生活。而当我们走进他们家中的时候,我们深深地发现,就算日子过得再难,他们的家里都收拾得一尘不染,墙壁、地面、桌面、院落都是那么干净整齐。家里的爷爷奶奶就算穿着朴素,也都是干净利落。

见到的几位爷爷,都是高高的个子,黝黑的脸庞,花白的胡须搭配一顶小帽,显得非常精神,深深的皱纹刻在脸上,一双粗糙有力的大手欢迎我们的到来。见到的几位奶奶,都用头巾包裹着头,在家里忙前忙后,见到我们赶快往屋里让。有的家里知道我们到来,甚至准备了自家种的果子以及特色的回族吃食,我们哪怕吃上一口,他们都会特别的高兴。

谈起家中的不幸,老人们都会叹息、流泪,但从几位老人身上,我们看到的不是自暴自弃,不是随波逐流,而是一种坚毅。不止一位老人说,他们要坚强的活着,他们不能倒下,他们一定要将孙子、孙女培养成人。

这朴素的话语,是老人对隔代人的承诺;这悉心的照料,是对孩子失去父母之爱最好的补偿。我们应该向这些回族老人学习,学习他们的热情好客,学习他们敢于直面惨淡的人生,学习他们不畏苦难、勤劳奋斗,用自己的双手改变命运的坚强和气概。

家访,不仅是一种体验,更是对我们精神的洗礼。

志愿者说 ZHIYUANZHE SHUO

落泪

- 唐丹丹 -

一年级的孩子是全校最淘气、最顽皮的，越往高年级走，学生越羞涩。上课时，一年级孩子的疯狂与无纪律能把我整疯，内心绝望的那种疯。看着他们天真无邪的笑脸，又想到他们的主课成绩与城里孩子差的不是一截半截，心里很不是滋味，真心希望他们上课能静心听讲。然而孩子们的善良与爱戴却让我瞬间落泪：我偶尔翻开一个孩子的语文课本，她把我的名字写在上，跟她的名字并排；每天能收到孩子们从自家带来的香水梨与小苹果，与他们一起分享，他们特别开心；每天能收到孩子们送给我的画，满满的都是感动，尤其是小梅画的那幅上边标注着"唐丹丹老师你是我们最好的老师，谢谢唐丹丹老师"，眼泪唰地便下来了……

放学后我们去了王燕同学家里家访。眼前这位瘦高、爱笑的小女孩，就是各位老师一直夸赞却心疼的王燕同学。王燕是王井新村平安希望小学六年级的学生，今年12岁，成绩优异，和善乐观，懂礼友爱，她如大姐姐一般热情，同学们都非常喜欢她。

在家里，王燕是老大，下面还有四个妹妹。由于家庭经济压力巨大，其中一个妹妹生下来便送给别人抚养了。两个在附近小学上一、二年级，最小的妹妹只有四岁。

傍晚时分，王爸爸便在门外等着女儿放学回家。远远望着他，干瘦，左手裹着纱布，挂在脖子上。王燕爸爸两个月前为救妹妹，左手手筋被切割机割断了，现在还未康复，不能去建筑工地干活。王爸爸今年48岁，岁月在他脸上留下的痕迹，让我联想起自己将近80岁的爷爷。

在交谈中，他自始至终都微笑着。王妈妈在烙饼，为晚餐做准备。王燕说，妈妈无论做什么，都是世上最好吃的食物。而她们家每天除了面饼，还是面饼，偶尔才会吃面条。

王燕家面积狭小，一家六口挤在几平方米的土坯房里饮食起居。一张炕上铺着"的确凉"的布，这既是餐桌也是晚上睡觉的地方。靠近马路那面的墙，有一条大裂痕，有重型车辆从门前路过时，屋内便有震感。离房子几米远处有个小土棚，是王燕爸爸为一只叫"点点"的小狗盖的房子。点点有长白的毛，眼睛大而圆，是孩子们在家唯一的玩伴。

去年王燕因严重扁桃体炎做了一场手术，花了6000元，这对他们家来说简直是一笔巨款，至今还欠着一部分钱。王燕的眼珠异常突出，得知是400度近视后，爸爸带着她去配眼镜，一听说要600多元，吓得赶紧回来了。

难以释怀的家访

— 朱宝瑞 —

天气的转凉，使得我们在晨迎时瑟瑟发抖，干裂的北风冲击着我们的脸颊，我们口中一边吐着哈气，手上不时地搓着。校门外不远处，孩子们一个个接踵而来，他们身着单衣，脚上穿着修补的鞋子，有的还没有穿袜子，一个个小脸被风吹得通红，低着小脑袋，朝我们走来。当看到门口的老师们，勉强地抬起头，向老师问好，便又低头跑进校园。

紧张的课程结束后，我们决定对四年级的李娜和三年级的李春秀进行家访。首先来到的是两公里外李娜的家中，李娜是单亲家庭，父母离异，母亲改嫁。母亲很少回到家中，年幼的李娜一直与姥爷相依为命。李娜在班中成绩很好，也很懂事，她没有书包，平日里一直抱着书本上下学，在家主动帮姥爷分担家务。年过七旬的老人，身体虽然健朗，但是从眼角泛出的泪水，还是能看出生活的艰辛。当我问及姥爷家中是否需要帮助时，老人低下头，欲言又止，最后仅仅说了一句"还好，还好……"。看得出老人不想给我们添麻烦，我们也就没有再去追问。临别时，我们给李娜和姥爷拍了照片，并送给李娜一个书包，姥爷跟我握手致谢，一直把我们送到门口，久久不肯离去。

三年级的李春秀，平日里很孤独，上课的时候一直低着脑袋，这引起了我们的注意，决定去春秀的家中看看。

春秀的家住在5公里外的山区，山路崎岖不平，娇小的春秀每天徒步沿着土路上下学。

当我们到达春秀的家中时，最先看到的就是简陋的屋舍，还有一位女子，她盘着乱糟糟的头发，脸上泛出深深的皱纹，衣着褴褛，身上的污迹清晰可见，脚踩一双破陋的布鞋，她就是春秀的母亲。

进入屋中，有一种冲鼻的怪味，让人窒息。床上躺着的四个孩童是春秀的妹妹，最小的两个月。其实春秀还有一个弟弟，两年前的一个下午，家里施工，春秀的弟弟在家中玩耍，一辆拉土车在倒车时，从春秀的弟弟身上碾过，而这一幕恰恰被放学回家的春秀看见。弟弟的去世，吓坏了春秀，从此活泼的女孩，变得寡言，幸福的家庭变得支离破碎。

原本不富裕的家庭,遭此重创,家中更是举步维艰。经春秀的母亲介绍得知,春秀的父母原本是农民,靠种玉米过活,一年下来收入也不过才6000元,为了养活家中的五个孩子,没办法父亲只有外出打工养家。从事高危行业的父亲,每天过着朝不保夕的生活。说到家中的苦,春秀的母亲再也矜持不住,一行行泪水倾泻而出。我们安慰着春秀的母亲,把事先准备好的油、米、牛奶、书包交给了她,并告诉她要坚强。我们为春秀和母亲照了合影,临走时春秀和我们拉钩,答应我们要好好学习,好好照顾母亲,为家里做出贡献。

家访结束了,我们回到酒店,回想这一天的经历,久久不能释怀。

一只狗狗引发的思考

— 党婉 —

早上晨迎碰见了昨天那只小白狗,浑身土灰土灰的,眼角由于长时间流泪已经溃烂,冻得直打哆嗦。我拿了吃剩下的火腿肠找了个没人的角落偷偷喂给它,小狗不停地冲我摇尾巴,在我周围蹭来蹭去,非常粘人。我想,这里要是像北京一样,有先进的医疗资源,我就可以带着它去宠物医院洗个澡看个病,让它健康地生活下去。下午我们去家访的路上，小白一直跟着我们，大马路上非常危险，随行的志愿者同事给它护送到安全的地方才放心。

其实我来的时候，准备的课程就是介绍关于狗狗的相关知识，包括狗狗和人类的友谊。这里的小学生们对于流浪狗，有的用脚踢，有的吓唬，也许他们对这方面的认知实在是太少了，也许他们本身物质生活贫困，同时精神生活也严重匮乏。明天是星期四，希望我的课上能教会他们，和动物建立友谊，学会善待弱者。

从陌生到熟悉
— 李孜瑾 —

转眼到了第三天，支教日子的中间，也到了能倒数的时刻了吧。早

上的晨迎，从第一天的陌生面孔变成了一个个熟悉的笑脸，一句句热切的"老师早上好"吹散了清早的些许困意和寒冷。

孩子们在这辽阔的土地上那想要充实自己内心的动力，像一股暖流流遍全身。下午去五年级上课时，我把大家做的手工的英文名称都一一教给了孩子们，然后发给每个人一张彩纸，让他们折出自己设计的纸飞机，比谁飞得远。这小小的纸飞机承载着我对他们的祝福和期望，我希望他们能像纸飞机般，飞得又高又远，用这样求知的渴望，带着最纯粹的梦想，去闯出更大更大的一片天。加油，老师相信你们。

读书改变命运
- 谭泽洋 -

给我印象最深刻的就是祁国瑞小同学，课间的时候她拿了一个冰凉的馒头在吃，这个馒头是她姐姐给她的早饭，姐妹俩都在学校里上学。我们立刻就把她领到了老师们的屋子里，用炉子的盖子给她烤馒头，至少能吃上一口热乎的……

学校里很缺水,一天基本不见孩子们喝水,有少数同学用那种使用了很多次的矿泉水瓶子接热水喝,瓶子都已经被热水烫得变形了。

下午放学后,我们去了祁国瑞和祁燕南姐妹家中家访。家中只有爷爷在家,奶奶身体不好,在医院住院,爸爸妈妈也都在外打工。与爷爷交流的过程当中得知,祁国瑞和祁燕南是姐弟五人,大姐已经19岁了,最小的弟弟才刚刚一岁半。屋子里很拥挤,一张床上摆了三个枕头,爷爷给我们介绍着他家中的情况,虽然能感受到那种"重男轻女"的观念,但有一点,爷爷很坚定,就是要供孩子们念书,把她们培养出来!

孩子们是一个家中全部的希望,愿孩子们都能茁壮成长!

最大的收获
- 许静 -

今天最大的收获,一是上完课孩子们蜂拥而上送的礼物信件,还有让我给他们签名留电话;二是听了一堂崔超老师给六年级孩子们上的课,课程听到一半我情不自禁地坐在了一位同学旁边开始成为崔老师的一名学生。

六年级的孩子们相对教起来比较顺利,思维模式已经可以很快跟上老师的思维,崔超老师讲课不仅声情并茂,而且还经常有一些小幽默,逗得孩子们和我都哈哈大笑,一节

课下来不但收获了很多乐理知识,还收获了更多欢乐。

夜晚躺在床上回想今天孩子们跟我说的每一句话,他们对彩色卡纸的向往颠覆了我的想象,城市里的孩子不以为然的纸张,成为他们心心念念最珍贵的东西。看到一双双渴望的眼睛,我不禁告诉自己,在自己能力范围之内,一定尽全力去满足孩子们愿望,也希望有爱心的朋友们可以加入我们,一起完成这些可爱孩子们的一点小小心愿。

信仰

– 张颖馨 –

"学阿拉伯语后可以去做翻译,以后收入会很可观。""我学阿拉伯语其实是为了更好地理解《古兰经》。"这是在家访过程中,志愿者与一名正学习阿拉伯语女孩的对话。

初次见到她是在海原的环城公路上。虽然刚满20岁,但这个女孩显然比同龄人多了几分担当。她骑着摩托车,正准备接自己的侄子回家,"哥哥因为车祸丧失了劳动能力,只能在煤矿上做一些简单的工作,勉强撑起了整个家的生计。"虽然是在说一件挺苦的事儿,但我却没有从她那儿察觉到一丝的伤感,相反,她激动地说着自己的理想,满满的正能量。

　　这样的态度，并不只是在她一个人身上看到。为期两天的家访，每每踏进一个孩子的家中，根本看不到一丝脏乱的痕迹：院子里都种上果树，房屋的装饰精致独特，房内整洁明亮……你绝对不会把如此舒适的环境与悲伤的经历联系在一起。而当平均年龄达到60岁以上的老人向我们提起往事，竟看不到任何对生活的屈服，相反，他们在通过自己的努力，让孩子们的生活变得更好。有尊严地活着，这就是他们的标签。

　　同样的处境，为什么有的人等着天上掉馅饼，有的人却坚持通过双手拼下去？坦白说，我到现在也没有想到答案。但我唯一能确定的是，这里都是一群有信仰的人，信仰已经融入他们的生活，是空气一样的存在。

　　远处，那个学阿拉伯语的女孩笑着向我们挥了挥手，亮黄色的头巾映着湛蓝的天空，真的好美，好美……

真诚地感谢

■ 崔超

2011—2015年,对北京分行支教活动来说,是不平凡的五年。当我们回望支教活动走过的坚实足迹,我们从内心深处要真诚感谢很多人,正是由于他们的支持、帮助和鼓励,才让我们的公益队伍不断壮大。

忘不了朋友圈里,领导、同事、亲朋好友的点赞、转发、评论和祝福;忘不了大家发来的每一条关切和鼓励的微信;忘不了出发前,同事们的关切和家人的支持;忘不了邮箱里那些充满鼓励的邮件;忘不了在没有微信的年代,领导和同事们打来的问候电话和短信祝福;更忘不了那些为分行公益活动辛勤付出的志愿者们伙伴们。

我们要真诚感谢集团、总行对分行支教活动的悉心指导,我们要真诚感谢分行各位领导对支教活动的殷切关怀和大力支持,我们要真诚感谢集团各地各专业分公司对我们的帮助,正是你们的多年付出,让各地的希望小学能够焕发生机。我们要真诚感谢各位志愿者所在单位的领导,正是你们的认可和帮助,才让我们志愿者可以在三尺讲台上全力以赴,让山区的孩子收获知识与力量。我们要真诚感谢那些关注我们、鼓励我们、支持我们、帮助我们的领导、同事、亲朋好友,你们的每一点鼓励、每一个点赞,都是对我们莫大的支持和鼓舞,我们都深深地铭记在心里。

真诚感谢发自肺腑,五年历程历历在目。站在新的起点上,我们希望能够"积跬步、集小流",将这份公益的正能量汇流成河,鼓舞更多人在公益的路上汇聚向前的力量。

志愿者说 ZHIYUANZHE SHUO

让人揪心的家访
- 唐丹丹 -

放学后去五年级李慧家中做家访。这个孩子家庭状况让人揪心,人却懂事得让人心疼!李慧的爷爷最近去世了,因此她一直戴着白布缠成的帽子。按照回族的礼仪,要戴四十天。家中现在只有母亲,还有两个弟弟,大弟弟兔唇,新近做了心脏手术,正休学在家。李爸爸七年前因车祸去世,家中房子依然是七年前的样子,丝毫未动。

与李慧聊将来她想做什么时,她一边回答一边哽咽着,随后抽泣了起来。她说:"我想跟老师们一样生活,我想走出这里……"旁边的妈妈立马掩鼻哭泣,眼泪大滴大滴往下流,几个女支教老师也控制不住情绪,无声落泪,把头埋到身后去擦拭。

留下最后的美好
- 朱宝瑞 -

支教进入第四天,因学校安排,今天要结束所有课程。每位老师都在积极地备课,希望能在最后的一堂课上,给每位孩子心中留下此生难忘的美好。

站在讲台上的我们,心中五味杂陈,孩子得知这是支教老师的最后

一堂课了,往日的嘈杂不见了,他们用纯真的眼神望着支教老师们,让人心生怜惜。回想之前的三天教学,我们真挚地关心、爱护他们,让自己融入他们的世界。

每一堂精心准备的课程,每一个清晨和黄昏的陪伴,每一次关怀备至的家访,一起看兵马俑,一起读《三字经》,一起玩"萝卜蹲",一起唱《我爱北京天安门》,一起课间跳大绳,一起画平安大厦,孩子们唱啊、跳啊……这一切的一切,都是想让孩子的心慢慢地打开,让他们体会到这个世界上有无数的人在关爱着他们的成长。

课程结束后,很多孩子跑来向老师们赠送了他们的礼物——粗略的简笔画表达了对老师的喜爱,真挚的文字体现了对老师们的不舍。这不时让我想起,"分别的难受,远没有不知何年何月才能重逢揪痛人心"。

放学了,孩子们依依不舍地留在校园,与支教的老师们合影留念,他们舍不得支教老师离去……这一刻,每个孩子的笑脸和泪水都浮现眼前,越回想越难受,我干脆戴上耳机,平复一下澎湃的心情。

"为黔童助教,为布衣立远志,为往圣传学,为九州开太平",这也许才是支教的意义吧。

小小天地　大大梦想
- 李孜瑾 -

今天给五、六年级的同学上最后一节英语课了。我取了一个响亮的名字,叫"I have a dream"(我有一个梦想)。然后教大家各种职业的英语单词,演员、老师、警察、医生……还有同学举手问探险家、宇航员、潜水员、赛车手……去吧,孩子们,去探索未知世界的美丽事物。

很高兴能分享给你们外面世界的精彩，甚至是一些我的想法，这些孩子们也同样让我看到了这贫瘠土地上的鲜艳梦想，像每天冉冉升起的朝阳，生命不息。这些日子我们和孩子们都一起在成长，互相在学习，生命长河奔流不息而这些可爱的日子只能成为那么一瞬，却在心底留下了一些难以磨灭的感动和快乐。我在想啊，明年放暑假有机会我还会来看这些孩子，支教这件事我希望在自己接下来的生命里都坚持下去，可以让更多的小小天地都充盈着五颜六色的梦想。

活着呀还真是件美好的事，哪一天被温暖了一下，然后自己也化身成小太阳，去温暖更多的人。这么想想，不管是世界还是人生，都应该有一种更加光明的方式存在着呢，至少我是这么相信的吧。祝这些孩子一切都好，明年见。

倒数
— 许静 —

支教的日子开始倒数了，心里万般不舍。不舍每天日出前就出发经过的那段路，不舍阳光下尘土飞扬的临时办公室，不舍教室里每一根维持秩序的棍子，不舍

校门口迎接学生们时听到的一声声老师好，不舍下课时和孩子们玩耍的欢乐，更不舍的，是孩子们一双双闪光的眼睛和黝黑冰凉的小手。

我答应过孩子，在我能力范围内一定尽全力帮他们实现他们的愿望，只盼望这些贫瘠之地上生存的孩子，有一天可以长出隐形的翅膀，飞向他们最向往的地方！

离别
- 张颖馨 -

一转眼，就到了即将分别的时候，我以为能笑着潇洒地离开，但现实却不是这样。

"老师，我折的第一只千纸鹤是你教的，所以我要把它送给你。"

"老师你对我就像对妹妹一样，以后我可以叫你姐姐吗？"

"老师以后你一定要接我的电话哦！"

"老师，你留下来吧！"

"老师你以后要经常来看我们，这一周时间太短了。"

我就是你们的姐姐，我也一定会接你们的电话，但是我没法留下来，我答应你们常来看看，又真的能做到吗？这是我不断问自己的问题，想着想着，在几个孩子面前流下眼泪。三年级一个穿黑色连衣裙的小女孩平常都乐呵呵地围绕在我身边，而此时的她也哭了，低下头

躲在了同学身后……

回想起下午的场景,现在仍然控制不住,眼泪直刷刷地掉在了键盘上。觉得自己才为他们做了芝麻点的事儿,就要离开了。多想再给他们上几堂实用的课,多想再与他们丢手绢、跳皮筋,多想再为他们折几只千纸鹤、几朵百合花,多想告诉他们外面的世界有什么……

第一次支教,献给了宁夏,献给了一群可爱的"天使",我希望这仅是我支教生涯的开始。支教不难,难的是能否坚持下去。看着崔超老师带领的支教队伍已走过了五个年头,说实话,真不是一个"了不起"就能概括的,希望这支队伍未来能够带领更多的人,去做更多有意义的事。

再见了,孩子们
- 唐丹丹 -

夜幕已沉沉落下,坐在桌前,翻着学生们送给我的信,时而笑得前俯后仰,时而感动得潸然泪下。一封封信,一片片真心。

一周前来到这里,带着爱心与好奇,只是想尽全力给孩子们带来欢乐与知识。相处一周,孩子们的真诚、可爱、礼貌、善良、爱戴、感恩、分享之心,令我自叹不如、感动不已。一年级班里有个小朋友叫李

彪,个子很小长得很秀气,每天都会来到办公室送我一幅画,画的内容都一样:一棵长满爱心的树,上面写着我的名字。他静静地走到我身边,望着我,把信送到我手上,我收下后,谢谢还没来得及说,他就羞涩地笑着走了。这一幕,是那样美好!

就要离开他们了,我心里十分不舍。舍不得他们一双双渴望而清澈的眼睛,舍不得每次下课后便挤着闹着拉你一起出去活动,舍不得看到你就会敬礼、大声说"老师好"的场景!

孩子们,老师只愿你们好好学习,茁壮成长,将来能走出去看看外面的世界!若有机会,唐老师不会爽约,一定会再回来看你们!再见,孩子们!

06 广西河池山路远 漫漫长夜望星空

支教的意义

■ 崔超

当中秋假期的欢愉还未散去,在这个初秋的时节,我和小伙伴们,默默踏上了广西支教的旅途。大包小箱的奔波疲惫使我在航班起飞后睡着了,空乘倒水时,人已经在万米高空。从机舱小窗望出去,白云之上蓝天之间,非常清爽,因为此行的意义,心中充满了期待。

中秋节前,有幸见到几位老领导,欢愉交谈之中,分外亲切。2011—2015年,回忆起这几年的支教历程,领导、同事、亲朋好友的支持、关心和帮助历历在目。想来也是,如果没有这些好人的鼓励,恐怕这五年的支教之路,将变得分外的孤独。

因为经历得多了,所以感触就更加深刻。支教的意义是什么?是人生之路上的宝贵阅历,是乐观面对人生的一剂良方,更是好好活,做有意义事的初衷。感恩那些与我共同走过这些日子的志愿者,每当翻阅当时的照片,都有一个个宝贵瞬间,伴随着欢笑与泪水。

在跟今年的志愿者进行交流的时候,我谈到了几点。

第一点,除了知识,不要给孩子们任何东西。好心做坏事的故事太多了,你以为你给孩子们的文具盒、彩笔,就是奉献爱心了?答案是否定的。支教一期五天课,这批志愿者走了,给孩子们很多这里没有的东西;下一批志愿者来了,孩子们会问:老师,你给我们带什么东西了?啥?你没给我们带东西？上一批的老师都送我们……当所有志愿者都走了，学校的老师们将如何面对这些曾经淳朴快乐的孩子们呢？

第二点，好好备课，对得起孩子们求知的眼神。支教支教，顾名思义，给孩子们上课是核心。40分钟一节课，认真准备是上，混时间也是上。台上一分钟，台下十年功，为了那40分钟的完美呈现，为了对得起孩子们和自己，还是认真沉下心来，写上一页教案，把教学目的、教学难点、教学内容、板书书写、时间分配，明确了吧。说是给孩子们上课，其实也是我们自我学习的机会。

第三点，拒绝作秀，避免灵魂的谴责。提到做慈善，让我想起了公益大亨陈光标。有幸跟一位美女领导和标哥见过几面，觉得在作秀上面没人比标哥给力了，但是有一点别忘了，标哥人家可是真捐巨款啊，所有福利分配到个人，我倒觉得标哥是真慈善，不是纯作秀。当我们走过一些学校的时候，我们发现，很多机构、个人捐赠的物品静静地陈列在库房里，没有发到孩子

们的手中，而那些发到孩子们手中的书包文具，也都随着岁月的流逝，渐渐退出历史舞台。我个人比较提倡捐赠建设教学楼、操场，建立多媒体机房和图书室，以及捐赠乐器并教会老师，让更多的孩子可以享受福利。

支教不是作秀，这件事本身就是有意义的。你没到过大山深处，无法体会那里的艰苦环境；你没上过三尺讲台，不能理解乡村教师的无奈；你没家访过贫困家庭，无法想象一贫如洗的意义。也许你讲课的水平并不高超，也许你能做的事情有限，但只要你来过，你就在孩子们的心里留下了一抹颜色，你的努力也许改变不了现状，却可以为孩子构建一片想象的空间。

2016年支教，正式开启！

志愿者说 ZHIYUANZHE SHUO

又见支教

— 唐丹丹 —

河池，你好！河池的孩子们，我们来了……

此刻，我正在驶往广西的火车上，小分队的另外四位支教志愿者老师正从鄂尔多斯、北京飞赴过来。

来之前，听到很多不同的声音，有支持鼓励的，也有泼冷水说我们是去作秀的，一开始我会争辩，后来只会微笑着不作解释。

此次是我第二次支教，去年10月的宁夏海城镇是第一次。同行的崔老师，今年已是他支教的第六个年头，从2011年开始，从未间断。他的毅力、热情、爱心、才情、幽默，让他成为孩子们心中最暖最爱的老师，也是我们同行者最好的榜样，笃信支教意义的力量之源！

去过，才知那里的孩子们是如此天真无邪淳朴善良，他们眼眸清澈红脸扑扑，一边会吵着嚷着拉你的手去跟他们玩课间跳绳，一边会偷偷地不好意思地往你手里塞他家树上结的小梨;去过,才知那里的孩子们是如此缺少关爱与陪伴,老师一声关切的家庭问候会让她羞涩幸福地笑后却背过身偷偷抹眼泪;去过,才知道不是我能给他们带去什么,而是她让我看到——世上最感人的画面是9岁懂事早熟的女儿心疼地用干裂冻红的小手,为单亲妈妈在被家访时抹去脸上辛酸而无助的眼泪……

这一切的一切,只有在去过、亲眼见过、参与过,才会深刻地烙在心上。是啊,我们不能给他们带去彻底的改善,我们的出现会扰乱他们原有的生活节奏,可能会给他们思想上带来波动。但,让孩子们多多了解外面的世界,跟孩子们一起编织希望与梦想,让孩子们体会到不一样的爱与关心,让志愿者的人生因奉献而充实、因体验而珍惜,就算只有那么短短的几个瞬间有价值有意义,于世间,都不应被人哂笑,就算被讥笑,也无愧于心,便足矣。

不再是学生,当年老师们的"溺爱与纵容",让我时间充沛,天南海北,想去哪,去多久,随性!踏入社会,限定于某个工作岗位,受一份薪,安一份责。好在我如此幸福幸运,无论是去年还是今年,在高压竞争的环境下,领导同事都如此理解、厚爱、帮助,让我无忧而撒手离岗,心中十分感佩!

支教这件"小事儿"

— 白雅洁 —

支教这事儿,对于我来说,就是这次爱心之旅的参与者、学习者、被感染者,和真正走了左心房的触动者。

今年八月份,因为一次政府活动,我有幸认识了孩子们的崔老师、我们的超哥。他是一个有爱的男人,无限的斗志,数不尽的温暖,身体里的洪荒之力应该都是用正能量组成的,支教这事儿他做了六年,六年,小学生都能毕业了,不算短,我挺服。

第一次见面就无意中聊到了支教的事情,当时我大言不惭地说:"想去!一直特想去,感觉是件很有爱的事儿。"超哥支持我,几句话利索地把我带到了今天这个八好小学,它在广西壮族自治区河池市大化县——真远啊……和队友,带着一个行李箱,几本教案,来了,几个小时的盘山路让我心里有了说不出的疲惫。坐着车走这些路,算什么呢?天天让你经过,这就是你的全世界,你怕了吗?路边的风景无限美,我却陷入了沉思……

当然,这里的孩子一定不会让你失望。美,笑容美,美到骨子里,他们羞涩无瑕的笑容里表情间,有一种说不出的味道。真的,只有真实地面对他们的时候,你才能明白我在说什么,让你开心,也让你心疼。

当他们伸出黑乎乎的小手跟你说"嗨,老师"的时候,一股清泉涌上心头,一瞬间,我仿佛看到了十年以后,他们打着领结,穿着洁净的衬衫,外搭一件时尚的制服,或一身靓丽长裙,踩着皮鞋细跟鞋,穿梭在繁忙的城市之间,一如今日,热情温暖又清澈地和我问好……这样的梦,如果可以像我如愿来到这里一样轻松实现,该有多好。

可是,村子就是村子,除了孩子的单纯之心,哪来的那么多仙气儿。看着他们的饮水环境,我都不忍回顾——排排的水桶,满院的蚊虫,旁边就是个旱厕加垃圾场……环境不用我多说了吧,我也是犹豫很久,才战战兢兢地迈着碎步走上前端量的;水管是新加的,听说孩子们的日子已经比以前好过多了。好在,在这些孩子的世界里没有真正的不满足,他们的世界到底应该有多大,这都值得探讨。

可是无须探讨的是,我难以忍受——锅碗瓢盆的清洗之地就是我的洗漱之地,洗是洗了,可是我的内心硬性释放了无限的勇气;到现在,我宁愿一夜强忍,也不愿意走进那个二十多年都没用过的旱厕;作为一个洗澡频率高到确诊皮肤病的爱美达人,净身需要借厕所、用桶接、靠瓢冲的上世纪六十年代洗刷法……宝宝表面云淡风轻,内心几近崩溃。

食物就更不用说了，这里的孩子和老师用的是两口锅，孩子们吃得很香，笑得很甜，但我，却不忍心看向他们的眼睛。

超哥总问我，怎么样，恨不恨我把你叫来吃苦？！我的回答是"不，当然不"，我不来怎么知道，支教的生活并不是想象里的那么

回事,不是相片里单纯地摆个poss、修个图片那么简单,背后的生活是无限的悲催和不断的挑战。你做好准备了吗?你做好长期的准备了吗?!所以,非常感谢超哥给我提供了这次机会,让我明白了,支教啊,它是这么回事,它的神圣可不是爱心游击队、走场王、幻想派,它的神圣在于,你拨开面纱,走进去,经历了里面真实的困难,直面它,而后,在未来无尽的岁月里,为了解决这些难题关卡而不断地坚持努力,耕耘付出,无怨无悔,最后,它终会开出永远向阳向上向善的太阳花。

因为一份特殊的爱,吃喝住行,都会遇到冲击,这是支教的真实模样;想明白重坚持,面对难题不放弃,这是支教的真实法则;你是谁为了谁,你从哪里来,为了什么去,这才是支教的真实意义。我们天南海北地来到这里,也许是为了眼前的笑容,为了课堂上的十万个为什么,为了校园里整齐响亮的读书声,为了课下偷偷给你塞过的画、唱过的歌、羞涩的追逐、天真的打闹,为了他们可以再吃好点、喝好点、住好点、世界大一点、笑容长久点,为了世上千千万万的他们,和那一句,"老师好"。

支教这事儿真得悟,得做,得进步,总之,用了心再说。

支教，一次心灵的朝圣

— 刘翔宇 —

以前会说上帝一定是公平的，他最大的公平就是对每个人都不公平。可是来到支教点，广西壮族自治区南宁市大化瑶族自治县八好小学，我才真正意识到上帝的不公平居然可以不公平到这样的地步。

一进学校，孩子们怯生生地看着我们，眼神里充满了想接近老师的渴望，小手不安地搓着，当你和他们打招呼，他们会害羞地跑开，淳朴又善良。

全校的娱乐设施仅有六张磨得掉漆的乒乓球台，和一个大城市里随处可见的塑料滑梯。这些设施组成了孩子们快乐的童年。

玩耍时的孩子们害怕把自己的鞋子磨坏，几乎全部打着赤脚，小小年纪的他们已经懂得了生活的艰辛和物质需要的来之不易，实在是让人心酸。

这次我们的支教队伍一共十位老师，每一个人在竭尽所能地为孩子们付出着。走上讲台会发现和以往讲课不同，孩子们睁大双眼看着你，竭力模仿发音，竭力看清板书，互相提醒认真听课，一笔一画地做着笔记，我想这是对知识最真实的渴求吧。

中午吃饭,孩子们狼吞虎咽地吃着一天只供应两顿的饭菜。一早自己淘米,加水,将饭盒放到柴房,中午下课去取出来已经焖好的饭,高年级的孩子去打好菜,每人一勺不会太多。饿了的孩子们大口大口地吃着,来不及细细地咀嚼,不舍得浪费一粒一粟。

低年级的小女孩,歪歪扭扭地给我写了字"老师,我爱你",看似好笑的表达,一定也是孩子们拘谨又直白的表达了吧。

希望自己不要变成面无表情的模样,希望自己在有限的时间里,尽最大的能力让每一个孩子都有收获。

可爱的孩子们,请你们一定要好好学习,大口吃饭,坚定的相信知识可以改变命运,未来灿烂不迷茫。

悟支教

— 赵仲霞 —

走在校园里，孩子们会用怯生生的眼神看着你，有些拘束，眼神中是对我们的打探；当你主动打招呼时，他们会回应你灿烂一笑，挥挥黝黑的小手；慢慢熟络后，他们会主动和你打招呼；上课认真听讲，积极回答问题，课间围着你聊聊天；走在校园跟在你身后，女孩子多会大方送你礼物，男孩子害羞地递给你就跑开，让你来到这里就会喜欢上这里的一切……

在这里，我有幸交得几位小友。一个小姑娘一下课就围在我身边，拉着我的手，因为她说老师的手是暖的……一位五年级聪明伶俐的小姑娘，很喜欢聊天，说一些其他小朋友不敢说的话，她说"老师我知道你们一个星期后就要离开"……一个小男孩总是帮助我维护课堂纪律，帮我做一些他擅长的事情……你有什么感想？孩子们都很有天赋，乐于学习新知识，只是缺少更多的引导。我很庆幸我能带给他们我力所能及的温暖和关心,但又无法抹去孩子们因为即将到来的离别的忧伤,唯有鼓励他们积极沟通,好好学习,勇敢说话,保持天真快乐,有一日走出大山,看看外面精彩的世界!希望未来我们会在一个新的地方再相见!

这里的孩子很独立,可以自己上下学、洗漱、打扫、洗衣、照顾年幼的弟妹,在这里一切都是那么平常,却让我们觉得心疼……与其说我们教会孩子们,不如说更多的是孩子们教会了我们太多!

只有亲自参与才能感悟,才有资格略叙一二。如果你准备去支教,请你一定记得,作为老师肩上的责任,除了知识不要留下多余的物质,不要破坏他们原本的淳朴;请注意自我言谈举止,你将是孩子们的标杆;请不要用怜悯的眼神看孩子们,他们需要的是鼓励和自信;请关心在校老师,他们坚守岗位绝非易事;请认真备课,对得起孩子的信任,不要因为你的一时失误,带给孩子不可磨灭的伤害。这些所感所悟绝不是危言耸听!望我们带给孩子更多的光明和希望,望我们将这份爱心与责任传递!

支教虽然辛苦,却是快乐的。每天根据上课年级调整教案备课,每天课间教一些游戏和舞蹈,每天与他们交流生活和学习情况,时间在不知不觉中飞逝。这里的孩子带给我们太多感动,一句话、一幅画、一封信、一件手工品,他们用自己的淳朴方式表达对我们的喜爱和不舍!

同时结识一群支教伙伴,大家共同备课、下厨备餐、谈论所感所悟,一路相扶相伴最是美好,我终生将珍惜这段缘分!

我的支教小伙伴

■ 崔超

支教开始三天了,每天都在教室、厨房之间奔波。课要好好上,吃饭问题同样需要时刻考虑。如果问我,这几年支教什么最吸引我,那必须是这些为了同一个目标,同呼吸、共命运、并肩战斗的兄弟姐妹了。

酒肉难长久,患难见真情。在这大山深处,我们的志愿者相互鼓励,相互帮助,真正体现了团队的意义。我来上课,你当助教;你在讲课,我维持纪律;你跟同学们积极互动,我帮你拍摄照片;我下厨做饭,你帮忙洗菜刷碗。其实,我也时刻在想,如果职场之中的伙伴们,能够有这种协同和默契,那中国得出多少个世界500强啊;如果中国人与人之间能多一些这样的真诚和合作,那中国梦的实现就不远了。

言归正传,为各位隆重介绍一下我们第一批的几位志愿者。

首先是我的老搭档,平安银行总行人力资源部的唐丹丹老师。去年支教,她挂帅先行,今年支教,我们广西相聚。无须太多话语,只因无形默契。唐丹丹老师时刻给我力量,我觉得有什么事没有到位的时候,她一定在那里,默默替你补台,助你一臂之力。这种幸福,千金不换。

有一种声音,听到就不能忘记;有一档节目,看过就时刻惦记。超凡气质,活力四射,摄影超赞,人气超高,她就是鄂尔多斯广播电视台当家美女主持白雅洁。初见姑娘在政府活动,缘分使然终于一起来桂支教。她的课堂活力十足，她的摄影张张震撼，她面对恶劣的自然环境，毫无矫揉造作。白雅洁老师给我活力，让枯燥、疲惫的支教生活充满笑声。

颜值"高富帅"，真诚暖人心。鄂尔多斯市委宣传部颜值担当刘翔宇，成为女同学们追逐的对象。刘翔宇的课堂节奏感很好，认真的备课让播音主持专业出身的他，更加游刃有余。翔宇课上得好，在志愿者的生活照顾上，更是温暖人心。拎箱子扛行李，他冲在其前面；需要什么东西，话音没落东西已经到位。他是优秀"90后"的杰出代表。

十年老战友，事业同路人，超强执行力，啥啥她都行，北京金天艺彩文化传媒有限公司总监赵仲霞。小霞可以执行3000人规模的演唱会，因为她行事果断，不怕吃苦，能打硬仗；小霞同样可以胜任办公室的各项工作，因为她用心接待，善于学习，细致入微。小霞老师的课堂充满活力，小霞老师运营的微信号更是每天都有新气象。什么是人才？人才就是用心做事，好好做事，把事做成，没空瞎扯，小霞就是人才，不可或缺的人才！

除了这以上的几位老师，还有几位广西当地支教志愿者老师，我们是一个整体，每天同吃住，分外亲。我们有当家大厨、格斗冠军韦雄友老师；我们有学前班控场王、萌萌辣妈韦骅芮老师；我们有竖笛美女郑小林老师，有幼师少女周鳗鱼老师，还有书法写得好、体育教得棒的林伟来老师。

几天的生活，让我们渐渐熟悉，无论我们来自哪里，都有着共同的目的，那就是为这里的孩子们带来知识、快乐。希望我们的各位老师，能够充分享受这段难忘的时光，苦中作乐，无悔青春路上的美好记忆。

志愿者说 ZHIYUANZHE SHUO

八好小学的点点滴滴
- 唐丹丹 -

山里的夜真静，月真圆！

奔波了一整天，终于可以躺下，已是深夜11点多。整理一下杂乱的思绪，依稀可以听到隔壁五年级女生宿舍的鼾声与咳嗽声、蛐蛐声，还有远处悠扬的狗吠声。

早上10点集合出发，沿途风景奇伟秀丽，山路崎岖，颠颠簸簸，一才子笑称"免费加长版超时炫酷过山车"，大伙嘴里哼着《站在草原望北京》的欢快旋律，下午5点左右终于到达大化瑶族自治县板升乡八好小学——此行支教的目的地。

到达时，正好是孩子们放学吃晚饭的时间（来之前就听说他们都住校，只有星期五放学后才会回家），我鼻子较灵，一股小时候熟悉而现在闻着又有点反胃的卷心菜味道扑鼻而来，知道一定是孩子们的晚餐，皱了皱眉头，心疼而又无奈。后来，我跟超哥两人闲时摸索参观校园，找到孩子们饭后已被打扫干净的食堂，那股经年积累的泔水味道，让我们闻着超级难受，待了不到两分钟便逃离了。

另一个触动很深的画面是女孩子们在蓄水池旁弯身互相帮忙洗头发。大山深处，没有水流，为解决饮水用水问题，平安信托资助建立了一个大蓄水池，一方面可蓄积天降的甘霖，另一方面，把远处一处泉水源的水引入此蓄水池，帮助学校师生解决了长期困扰的饮水问题。听说在这之前，孩子们都需自己从家用塑料壶拎水来校解决自己一星期的饮用水问题。大蓄水池旁，摆放着一排排大小不一、或干净或脏兮兮的白色塑料壶，不时有三两孩子欢快跑去拧开水龙头，仰头张嘴对着就喝，喝饱了又嬉闹着跑开了。有几个小姑娘在水龙头的最西边，弓着腰，手拿梳子，帮另一位小女孩淋水洗头，笑着乐着，不时有水溅到她们身上，时躲时不躲，是那么烂漫开心，金兰之情、童真童趣，看着真美、真享受……

虽然条件艰苦，但丝毫不影响孩子们与生俱来的灵气与对生活的热爱。红色塑料袋剪下一部分，裹上沙子，再用红色塑料绳系紧，这不一个沙包出来啦，他们跳着躲闪与接包，身形轻灵欢快，玩得不亦乐乎。我们到来不到一个小时，便被这群孩子们追着跑，牵着手排排走，教他们玩新的群体游戏，一两遍就领会要旨，玩得不亦乐乎，他们的不怯生、热情、聪明劲儿，远超出我们的先前预期……

不觉间，夜更深了。不写了，期待崭新的明天，晚安。

山岩顶上一青松

■ 崔超

在广西河池市板升乡，喀斯特地貌的石山拔地而起，形成了险峻的自然风光。石山之上，布满了绿色的植被，远看近瞧，分外妖娆。在山顶之上，有一颗青松骄傲地挺立着，虽历经岁月的变迁，仍俯瞰着山谷，为这一片绿色撑起一面旗帜。

在我们第二批的志愿者中，有两位花甲之年的老同志。三年前的偶然机会，汪叔听我说起了支教的故事，一年前的行庆晚会上，汪叔听到了我们志愿者的原创歌曲《在一起》，从此在心中种下了来支教的种子。今年，汪叔带着夫人英姨，来到了这里。

3个多小时的飞行，5个多小时的车程，老两口背着行囊来到了这所学校。这一天我们的志愿者璐璐过生日，于是老两口一到学校便扎进厨房里，为同行的志愿者们准备一顿晚餐。

老北京人对于炸酱面的认知，是对生日"大餐"的最高礼遇。跨入简陋柴房的那一刻，你能听到整齐有力的切菜声,这是资深大厨的吟唱;撩开门帘的那一刻,你能看到炉灶的黄色火焰,锅中的饭菜是大厨的心血之作。

虽然条件有限,但是饭菜简单可口;虽然环境恶劣,但是磨灭不了老两口身上的那种气质。那一夜他们是厨房的大厨,后面的日子,他们是战斗在祖国教育一线的志愿者老师。

汪叔和英姨那一代人做事的认真、投入和执着,是值得我们永远学习的优良品质。我坚信,他们的课堂依旧精彩。

大山因为绿色而美丽,绿色因为青松而传神。愿青松青春永驻,愿绿色万年长青!

志愿者说 ZHIYUANZHE SHUO

快活的一天
- 唐丹丹 -

清晨,伴着一声起床铃响,整栋宿舍楼炸开了锅,像发生了地震一般,把我和几个女老师从梦中震醒。原来,孩子们早醒了,压抑了半天,就等着这铃声一响,便冲出宿舍,开启快活的新一天。

正在我们梳头穿衣之时,一群八九岁的男孩子风一样追赶到我们门边,礼貌而急促地向我们报告道:"老师,我们可以进来吗?松鼠跑到你们屋床底下去了……"啊?!居然有松鼠!还没等我反应过来,一个小男孩已经快速连跑带爬钻到我床底下去了,掀起阵阵灰浪,就是没逮着那只松鼠,等到松鼠在我们房间沿屋四角欢快跑了两圈后,它倏忽一蹿跑到住门口床位的"鳗鱼老师"的身上,她又害怕又惊喜,怎么甩也甩不掉小松鼠,反倒让小松鼠为寻找安全感与平衡感在她身上上下蹿动摸索,使得她惊叫起来,旁边这群淘气的小男孩见状,坏笑地东倒西歪,真是太调皮,哈哈。

他们虽说调皮,但是求知欲、动手能力却超强。下午我给崔老师做音乐课的助教,崔老师教四年级学生吹奏竖笛,并教了《两只老虎》这首曲子。课堂上他们在乐理知识、音乐底子方面的表现着实太差,完整能跟上教学节奏的也就是寥寥数人,但令我们意外感动的是,课后、饭后,他们笛不离手、不离口,一直在练习。我们几个音乐老师与助教总被他们团团围住,被请求多教点东西或者指点他们的进展。傍晚时,校园角落里居然时不时冒出顺溜的《两只老虎》笛声,真是太欣慰了。

致敬最可爱的人

— 唐丹丹 —

这次支教学校的罗校长是本地瑶族人,非常开朗乐观搞笑幽默的一个人。因为孩子们每顿米饭总有吃剩的,浪费掉太可惜太罪过,因此校长就在学校后边半山腰上用木板与石棉瓦搭了个简易猪圈,圈养了几头猪,猪长大了、长肥了就宰掉给所有老师与学生改善伙食,或者卖掉。堂堂一个学校的校长,每天除了授课、管理学校大大小小事物,还要带孩子、喂猪,真让我大开眼界了,全能硬汉,敬佩!

二年级班主任蓝老师,在孩子善城四个月大时被调任来此教书。当年善城的父亲骑着摩托车把他们母子从80公里外的县城,一路颠簸,拉至此处,从此,善城与妈妈在此地相依为命,同为人民教师的爸爸在该县城的另一处乡下小学,而善城的姐姐则独自一人在县里的初中念书,十分优秀、懂事。一家人散布于大化县的三个角落,每周都要分离五天,然后经过长途奔波,团聚两天。谈话间,蓝老师一直爽朗、乐观、开心地笑着,尽管她说每月拿着不到两千的工资,尽管可能以后一辈子都在这工作直至退休。蓝老师说她的情况并不特殊,这个学校大部分老师的情况都跟她一样。突然间,我觉得这边孩子们尽管贫苦,但性格十分乐观开朗,跟老师们的教育与

言传身教是息息相关的。

可敬可爱的老师们,向你们致敬!

命运的差距

— 唐丹丹 —

今晚星星很多很亮,但是没有月亮。

孩子们都睡了,就我们几个支教老师坐在教学楼与操场之间的台阶上轻声聊着天。来这儿快一个星期了,我们这群人还是第一次这样安静坐下来谈谈心。

感触最深的一点是造物弄人。同样是孩子,出生在城里与这里,他

们的命运与人生轨迹完全不同。这里的孩子，少有机会能走出这里，令我惊呆的是，部分女生小学毕业后就出嫁结婚了。最近朋友圈盛传因电视剧《小别离》而引发的父母格局对孩子未来影响的文章，在同一个大城市尚且有如此大差别，更别提这里的孩子与城里孩子的差距。

在这片山区，90%以上的家庭都有五个以上的孩子。我们今天去家访的一户农家有八个孩子，妈妈在家操持家务，爸爸以前在外面工地上打工赚钱养家，一个月前因修建自家新房不慎触电从二楼摔下来去世，留下寡妻带着八个孩子，最大的女儿19岁，最小的孩子5岁，虽然已是九年免费义务教育，但因家里实在拿不出一分钱生活费，两个上初中的孩子本学期已辍学在家……看着我都揪心。

相约再见
- 唐丹丹 -

这就是我们的所有成员，一起扛米搬油去学生家家访，一起卷袖洗菜洗米做饭洗碗，一起坐在星空下谈天说地聊感想……十人，共同怀着支教的梦想携手踏进山区的校园，相互帮助、扶持、支撑、鼓励，圆满完成了一周的教学任务，笑着、叹息着携手离开这里，不想太多伤感的别离，天南海北，我们约着再见，有机会再一起共续支教情缘！

在学校"关"了一整个星期，孩子们终于可以踏出校门回家去了（这个时间点放学，孩子们说走两个多小时山路到家，正好在天黑前），我们也该收拾行囊离开大山了。

感慨太多，收获太多，不仅是物质上的（看孩子们给我们写的一封封信、画的一幅幅画，每个老师都收到了一大摞，小白老师感慨回去比来时行李更重了,是啊,因为载着孩子们一份份的情谊,他们对我们的喜欢与爱,或者说想要得到我们的关爱与喜欢,除了写出来、画出来,也不知用什么方式来表达),也有精神层面的(无论是这里的老师,还是这里的学生,他们面对艰苦生活的这种乐观、开朗、阳光的态度,让我在到来的第二天瞬间顿悟到:此后的每一刻,我要热爱生活、珍惜时间、疼爱家人)。

孩子们都知道我们今天下午要走了,但没有眼泪,他们很懂事,跑来笑着跟我们挥手告别,"老师我们会想你的,以后要是有时间一定要回来看我们……"懂事得让我们心疼。不同于去年,今年的离别我没有落泪,勉励孩子们的那几句话(来找我话别的都是女孩子,我都会跟她们说:要把自己收拾得干干净净、漂漂亮亮,好好学习、珍惜时间,争

取考上大学、走出大山，做一个独立、自信、美丽的女性！也不知她们能否明白、听懂），也更是在鼓励自己。

这些天仰望两边伟岸的大山，这些喀斯特地貌的岩石，是经过几千年甚至上万年才有了今天的模样，时间何其长，而现代人的生命只有区区几十年，在时间的长河中一比，真有沧海一粟的感觉！人是何其渺小，生命、时间何其宝贵，还在意那么多琐碎小事、宠辱得失，真是不值得！活出本真，让生命有价值有意义才不枉此生。

无论怎样，真心希望他们跟城里的孩子一样，都有一个快乐、健康的童年！若是能有更好的发展与前程，那便更好了。

《大山的路》

作词：崔超
作曲：崔超
演唱：王颖

巍峨的大山，挡住前进的脚步，
蜿蜒的山路，牵动命运的归途，
山里的孩子，每天仰望星空，
不知道如何，面对明天的路。

山里的路，冲断阻隔与懵懂，
山里的路，点亮希望的思路，
道路虽坎坷，依然充满情愫，
走出去的人，忘不了大山的路。

美丽的故乡，就在大山的深处，
记得那一年，你们来到校园中，
从那一天起，生活充满颜色，
努力的学习，只为外面的世界。

山里的路，带来梦想与希望，
山里的路，打开心灵的窗户，
感谢有你们，为我们播撒种子，
大山的孩子，铭记你们的付出。

扫码听歌

07 云南瑞丽醉风景 中缅边境踏歌行

七载支教再出发

■ 崔超

七年是一个奇特的年限,也许五年的喜悦刚刚远去,也许十年的感慨尚未到来,夫妻之间会有七年之痒,坚持不懈做一件没有功利的事情,抛开繁华耐住寂寞,方知坚持的重要。

固然9月业务井喷,固然孩子年龄尚小,固然近期劳碌疲倦,只因一份牵挂,我踏上了第七年支教的征程。在狭窄如大巴车一般的祥鹏航空飞机上,一觉醒来,早班航班的困倦渐渐消逝,似乎一切丝竹乱耳、案牍劳形都已烟消云散,这也许就是行动的力量。

彩云之南一个风景如画的地方。忘了哪一年想去这里支教，没去的原因是学校条件太好，不够艰苦。于是，我就带着我们的志愿者，本着吃苦锻炼的宗旨，前往了一个又一个不毛之地。

七年走过，对于支教的意义，我有了一些更深层次的体会。支教是没有功利心的修行，支教是对自己的梦想的追逐。支教不是KPI业绩的载体，支教不是猎奇体验的平台。支教是面对一双双求知的眼睛，传授给他们知识和力量；支教是扎根老少边穷地区，体会生命的意义。

今年的5月27日令我非常难忘，因为去年广西支教期间，我创作的第二首支教歌曲《大山的路》在北京的蒲洼乡平安希望小学得以首演。在接受新华社等媒体同人采访的时候，我也提到了艺术教育对于山区孩子的重要性。

一支城市里孩子们看来再普通不过的竖笛，在那里被视作至宝。短短几节课教会孩子们的不仅是悦动的音符，更是对于美好事物的向往。这种技能和审美的传授，远远要比给孩子们书包铅笔文具盒有意义。

过去的几年，我总是希望将支教活动做大，号召更多的小伙伴一起参与。但随着队伍的壮大，政策释放红利后，一些小困惑就渐渐出现。当支教不能用上班时间参加，需要用年假抵扣，当往返路费不能报销，需要自己担负，当集体组织结束，业绩不一定被领导肯定，是否还有志愿者愿意参与呢？

很欣慰，答案是肯定的。

不忘初心，让我们在正确的路上做有意义的事，砥砺前行，支教志愿者在一起携手同行。2017年支教，不仅不会七年之痒，我更坚信必将创造新的辉煌。

备好每一节课，上好每一堂课，用艺术点亮生命，用情感温暖人心。我会再写一首歌记录那里的故事，也期待各位朋友继续给予我们支持和关注。

2017支教，正式起航！

志愿者说 ZHIYUANZHE SHUO

身的劳顿，心的回归

— 成果繁 —

又见弄岛，为去年给过你的承诺，今年我如期而至。

今天是开学的第一天，队长超哥带领我们，要给容棒明园小学的小不点们一个新学期的晨迎。

天还未亮，6点不到出发，我们一行七人走在黑漆漆的乡道上，完全伸手不见五指。一路鸡鸣犬吠，是恶犬吠，我和泽洋走在排头，内心还是有小小恐惧的，担心大狗没拴绳……到达学校是6点45分，天蒙蒙亮，守到了第一缕晨光洒在新建的教学楼上，特别安宁美好。

陆陆续续小不点们都在家长拉风的摩托送行下到达学校，新学期的开启，新教室的建成，曾经的小土砖房教室不见了，新的美好开始，感受

到他们的兴奋，好像每个小不点儿身上都冒着粉红色的泡泡。

放学回程的路比早晨去时走得就慢了些，看着沿路的风景，一切都美如桌面壁纸，和伙伴们分享着一天的喜悦和授课体会，累却满足。这一秒，记录完这美好的一天，我只想昏睡去也。

但愿你的眼睛，只看得到笑容！
- 江田田 -

新的教学楼和新的图书角让昨天报到的孩子们满是惊喜。为了给第一天上课的小朋友们一个仪式感的开学，我们6点便从镇上的住处出发。街道空无一人，伸手不见五指，这座传说中的黎明之城此刻还在沉睡中，阳光下熟悉的香蕉林玉米地此时暗影婆娑，远山中的灯光闪烁，一路鸡鸣狗叫，但是和小伙伴们一起也别有乐趣。

太阳渐渐升起,孩子们在家长的带领下陆陆续续来到学校,有的会大大方方和我们打招呼,有的会害羞地拉住妈妈的衣角怯怯地说声"老师好"然后跑远,还好没有被吓哭的。

短短一天,这些小小人儿们欢快地对我喊老师好,拉着我做游戏,听我讲故事。也许时光流逝,我不过是他们将会遇到的千千万万人中的一个,而这一刻于我,确实无比满足和幸福。海拔一千六,行程三千公里,只为这次相聚。

太多的第一次

— 李思媛 —

怀着忐忑的心情,踏上了人生中第一次支教的路程。凌晨5点30分起床,七个小伙伴走在去学校的路上,虽然天黑到伸手不见五指,一路上还伴随着大狼狗叫,闻着马屎臭,可是大家一路做伴,说说笑笑,倒也多了一份惬意。

到了学校,微弱的阳光若隐若现。同学们已经在家长的护送下,陆续来到学校,第一次听到稚嫩的声音喊一声"老师好",心里早已犹如海浪波澜壮阔般翻涌,激动不已。

上的第一节课是教同学们唱《送别》,本来就五音不全的我还要在孩子们面前唱歌,甭提有多紧张了。好在有超哥,还有其他小伙伴的鼓励,让我的内心平静下来,也慢慢找到了与孩子们相处的模式。带着他们一起做游戏,给他们讲故事,他们用纯真的眼神,甜美的笑容面对你,再喊着一声声老

师老师,一天的疲惫就这样褪去,全都换成一个字:值!

感受不同

- 谭泽洋 -

这是第三次支教,今年第二次来到云南——中缅边境。早上天还没亮我们就出发去晨迎,半个多小时的路程,只为给孩子们道一声"早上好"。两节安全知识课和一节乒乓球室内课,虽然很辛苦,但是时刻与孩子们在一起,听到的都是欢声笑语。

这次支教,与之前的两次感觉很大的不同是:孩子们特别乖、特别听话,校长、老师们的训话总是能记在心里面。一个学校有一个好的带头人多么的重要,学校目前的校舍还属于后期完工阶段,还有许多零零

散散需要处理的地方，都是校长亲力亲为，他把这个学校的教育当作自己的一份事业，把孩子当作最重要的事情。孩子们与前两次支教宁夏、广西的孩子们不同之处在于：他们大多都有家长的陪伴，早上

家长骑摩托车送到学校门口，下午再接孩子回家，一直都陪在孩子的身边，陪伴是最好的教育；而宁夏、广西大多是"留守"儿童，父母为了养家，外出挣钱。总感觉这是一个值得深思的问题。

弄岛支教的小骄傲

- 张炜明 -

仲夏之际，在潮湿闷热的大气中来到了这座充满少数民族风情的边境之城——瑞丽弄岛镇。甫一踏入校园，映入眼帘的是一座崭新的教学楼，黄砖碧瓦，矗立在蓝天白云下熠熠生辉，教学楼前是正在紧张修建中的大操场，已然能联想到不久的将来孩子们在操场上嬉戏的场景。听支教小分队队长超哥说，以前的校舍只有一排破落陈旧的瓦房，而现在，只剩新教学楼后边杂草堆里一座没有篮筐的篮球架还记录着曾经的沧桑。这一刹那间，忽然深刻地感受到，开展教育公益，帮助贫困地区孩子实现读书梦，再也不是只付诸笔端的轻飘飘几行字。

放学后,跟着支教小分队,沿着一条风景优美的乡间小路往宾馆赶路,队友们洋溢的热情和欢欣迅速冲淡了我初来乍到的陌生和忐忑。在另一个层面上,也感受到了平安支教的意义,二十多年的时间里,已然让多少有趣的灵魂穿越天南地北相遇相知。

作为支教小分队队员之一,这次我也要给孩子们上课,组织过多次平安支教的开展,而真正作为一名支教老师却还是头一遭。站上讲台的前一秒,还犹豫着讲什么好,但当一抬眼看到台下一双双纯真的眼神,一个个

坐得笔直的小身板,我迅速投入角色之中,展开了筹备已久的科学实验课。孩子们积极踊跃地思考、抢答,完全出乎我的意料,设想中的冷场场面没有出现,甚至把隔壁班一年级的孩子也吸引了过来,纷纷挤在门口。看着他们成功完成实验后欢呼雀跃的笑脸,对实验道具恋恋不舍的模样,我想这一刻就是为人师表最为骄傲的瞬间吧。

支教若只如初见

■ 崔超

德宏傣族景颇族自治州位于云南省最西侧,我们所在的瑞丽市弄岛镇紧邻中缅边境。这里主要由傣族和景颇族共同构成,街上时刻能见到穿行而过的缅甸牌照汽车。弄岛为傣语译音,意为碧波荡漾的青苔塘。这里的天气就像小孩子的脸,前一分钟还是蓝天白云闷热难忍,瞬间就是瓢泼大雨道路泥泞。

支教的团队十分重要,在艰苦的地方,为了共同的目标一起奋斗,这本是就是一种幸福。每每回想起七年来,与数十位支教兄弟姐妹们一起走过的岁月,内心深处都是暖暖的。

支教第一天,按照惯例,还是为大家介绍一下我们支教小队的成员。

谭泽洋,跟我一起三年支教的老兵。每年我都是最先接到他的电话:"哥,今年什么时候支教?我年假留出来了。"谭老师打得一手好乒乓球,有多好?看看他拿过的奖杯奖牌你就知道了。他心中有爱,每年都带着沉甸甸甚至超重的乒乓球拍,从北京来到全国各地,把拍子送给孩子,并教会孩子们简单的入门技巧。于是,他是孩子们追捧的偶像,也曾与一个个学校乒乓球大神过招,把对手变成迷哥和迷妹。因为他的出现,希望小学的孩子们课间生活更加丰富。谭老师上课非常严肃,无论是乒乓球课还是安全教育课,他都是一丝不苟,孩子们也都认真地听。这就是我们的谭老师,低调、靠谱、认真、执着。

江田田,一位一直想支教终于得以梦圆的老师。"同学们真棒!大家再跟我读一遍,好不好?孩子们大声回应:好!"她的热情能够感染每一个孩子,她的综合素质可以让她胜任任何课程。学前班是每次支教老师们很难搞定的年级,而这些精灵古怪的小家伙,在她的课堂上却异常听话。三字文、字母歌在学前班的教室回荡,从窗外走过,你能看到一位声音磁性、满脸笑意、热情十足的老师在台上授课,下面是孩子们认真的眼神,这个人就是江田田老师。

成果繁,第二次来这里支教的"90后"。高颜值、高素质、有爱心是她的标签。她感性,去年教过的孩子还能认出她,她潸然泪下;她活力,劳累一天的小队因为她充满笑声。在她这里,没有漂亮小姑娘的矫揉造作,更多的是激情授课的真诚和互帮互助的协作。"90后"毕竟是"90后",精灵古怪,灵感乍现,随身携带的各种装备亮瞎我眼。"90后"能成为支教队伍的主力,公益支教活动薪火相传。

李思媛,一个标准的云南软妹子。白白的皮肤,轻声的话语,总是透着一份优雅。思媛老师第一次来支教,课堂上微微有一些腼腆,但是从授课的内容上你能感受到她的严谨和认真。唱歌课程温故而知新,课间游戏全情投入,虽然她是敏感皮肤,但她在高原地区的灿烂阳光下陪着孩子们尽情嬉戏,泛红的脸颊上镌刻着她的汗水和付出。

张炜明,一个颜值甚高、极度认真的科学家。张老师在来支教前就开始认真准备课程。他是理科生,我跟他说,孩子们需要科学实验的课程,于是张老师就开始咨询专业小学老师,翻阅群书。学校的条件有限,为了找到适合小学生的实验,让每一个学生都能动手参与,张老师可谓是煞费苦心。就在临行前的一个深夜,张老师激动地跟我说:"超哥,地雷的秘密我探到了(实验的课程我研发成功了)。"具体什么课程我暂且卖个官司,一定大大的出彩。这就是我们高大帅气的炜明老师,666。

熊嘉和朱芮锐,两个云南当地的妹子,由她俩的陪伴,我们的后勤保障工作妥妥的。由于本次支教非同一般,有大招要放,所以她俩身上更肩负着艰巨的任务。然而后勤保障并不影响她们的颜值,长发飘飘,端庄大方,走在乡间的小路上,她们就是风景。

这就是我们的支教小队,肩负着教学和放大招的使命。这次支教将是令人难忘的旅程,大家请年假、自付机票、认真备课,为的就是打造精品课程,惠及这里的孩子们。感谢各位在朋友圈的点赞支持,让我们在祖国的边疆扎根教学,充满力量。加油!

志愿者说 ZHIYUANZHE SHUO

都是幸福

— 成果繁 —

从小平房换成了三层楼的新教室是幸福；
从只有教科书到有了丰富课外图书是幸福；
从只有语文数学到有了音乐科学是幸福；
从鲜为人知的偏远寨子到每年有社会力量帮助是幸福；
从忙碌高压的工作到琅琅书声的校园是幸福；
从高楼林立的城市到蓝天田野的村落是幸福；
从成年人复杂的世界到孩子们单纯的生活是幸福；
从都市出行的拥堵到人烟稀少的乡道是幸福。

你、我、我们都是幸福,更是幸运的。

支教路上找回初心,坚持真善美的模样,幸福从未离开,一直在身边。

夏日午后的美好
- 江田田 -

瑞丽市弄岛镇弄岛村,上课第二天,时间在这里似乎变得悠长起来,有了常去的餐馆,熟悉的摊贩,闲时看天上忽明忽暗的云层层叠叠,不停变换着形状印染着阳光,想着抓鸡逗狗摘果子,仿佛自己已经在这里生活了很久很久。

每日和一群有趣的小伙伴上学、放学、讲课、溜达、瞎唠嗑儿,从住处到学校的三公里,一起摸着黑走过,下着雨走过,太阳暴晒着也走过,一直到拥有了一辆五菱神车,感觉日子也过得蒸蒸日上了起来。

比起一、二年级,学前班的小朋友们似乎更爱翻我的牌子。一到学校便陆陆续续来找我,给我看昨天写的英文字母,拉我去上课,一段三字经不一会儿也有模有样地读了出来。也许孩子们并不理解这些句子的意思,也许一转眼他们又忘了个精光,但我相信总是会有只言片语落入心中。

浮世三千,又有什么比宁静的夏日午后,窗外细雨如织,屋内书声琅琅的校园更美好呢。

麦田守望者

— 李思媛 —

每天上课的时候,抬头往窗外看去,是层峦叠嶂的大山,视野开阔,令人内心平静而安宁。找到了和同学们相处的最好方式,这是一小步的成就。参加支教并没有什么崇高理想,只是按自己的内心去做,希望自己确实能做点什么,哪怕只是让他们知道童话故事里有个"白雪公主",这都会让我心境坦然,温暖,纯净。希望自己在这个物欲横流的年代里,能做个真正的麦田守望者,踏踏实实去做,乐于把自己融入那无尽的麦浪,在喧嚣的尘世给自己的心留点空间,让那种感恩长存于怀。

在希望的田野上

■ 崔超

早上5点的弄岛镇一片漆黑,在伸手不见五指的田间小路上,鸡鸣犬吠此起彼伏,两侧高大的香蕉林树影婆娑。我们的志愿者相互依偎,用手机照路,前往学校进行晨迎。

感谢我们的线校长,第二天给我们找来了亲戚的乡村神车东风小康,让我们可以自驾往返,免遭暴晒大雨,幸免成为大型猎犬们的早餐。于是,在希望的田野上,你能看到一辆灰色小面缓慢行驶,收音机里放着旋律明快的缅甸歌曲。我甚至

觉得这手动挡、四面透风的小车,比我那"四个圈"的车子更适合这里。在车上,虽然没有空调,但我们欣赏着中缅边境的旖旎风景;在车上,虽然颠簸不堪,但我们始终洋溢着灿烂的笑脸。正所谓苦中前行,知足常乐,这本身就是一种幸福。

走过的希望小学多了,我们渐渐发现留守儿童的现象非常明显。孩子有住校的,有自己上学的,有的还有爷爷奶奶送来的。而在这里我们欣喜地发

现，孩子们都是爸爸妈妈接送上下学。于是，我们看到了孩子们整洁的衣服，我们看到了孩子们自信的笑脸，我们同样收获了在课堂上良好的纪律和积极的反馈。

成为父亲后，我更加深刻地明白，父母的陪伴对于孩子的成长多么重要。我们为这里的孩子们感到高兴，更为大山深处那些留守儿童感到焦虑。有些时候为了生存，人们不得不放下孩子去外出打工，爷爷奶奶姥姥姥爷可以带给孩子温饱，但父母之间最真的爱，是没有任何人可以替代的。时光如水，岁月如梭，当孩子长大后，很多的缺陷是不可弥补的。如果说山里的爸爸妈妈是为了生计不得已而为之，那城市里的爸爸妈妈，还是没事多陪陪孩子吧。确实有太多的借口让我们敷衍，出差、加班、开会、应酬，为了孩子宝贵的童年，让我们少喝一顿酒，早回一天家。因为爸爸妈妈的陪伴，是孩子们成长田野中的希望。

黄昏的朝阳

■ 崔超

中缅边境的日落比北京要晚很多,驾车路过边防哨所,停下脚步,在五星红旗的护卫下眺望远方,天空阔,心飞扬。落霞与孤鹜齐飞,秋水共长天一色,白色的飞鸟、翠绿的稻田、湛蓝的天空以及紫红色的晚霞就如同一幅壮美的油画,令人陶醉。而我们的红色志愿者服装,就是这油画中的红色宝石,耀眼而夺目。

家访,每次支教的核心科目。也许是七年时间看过太多的悲欢离合,有些时候更会静下心来思考。学前班的小男孩涝刻,走入他家中的时候,我十分震惊。竹藤材质的房子四面透光,竹子制作的小板凳是为数不多的家具之一。小涝刻的爷爷和奶奶在我们进屋不久,带着涝刻一岁半的弟弟回来了。傣族人十分的热情,他们搬出了一个折叠小桌,上面是年代久远的水壶和水杯,还有一簸瓜子。语言问题,我们需要校长帮忙翻译,才能与他们交流。涝刻的爸爸妈妈都在外面打工,每年不定时回来。爷爷奶奶带着两个孩子,以在山上种柠檬和打短工为生。这里的家庭年收入为2000~3000元,坦率讲家里的日子过得并不好,但是,我并没有感到他们对于生活的绝望。他们的家里干净整齐,屋里一尘不染,小院子也打理得干干净净,同行的福蛋老师说,傣家人就是爱干净,十分勤劳,看来是这样的。这让我想起了2015年去宁夏支教,家访的家庭无论条件如何,都是干净整齐令人尊敬。

二年级的小姑娘静本,每次上课的时候都十分安静。从校长那里得知,她的爸爸妈妈都去世了,目前跟着70多岁身体不好的奶奶还有姐姐姐夫生活,家里同样是一贫如洗。小姑娘很懂事,也很坚强。每次音乐课上,她都认真地听讲,认真地演唱。我们问她,老师教你的歌会唱吗?她大大方方地唱了起来。《送别》的歌声在此时此刻响起,坦率讲我热泪盈眶。

这里风景如画,却贫穷落后。面对挫折,傣家人没有自暴自弃,而是坚强的生活。我们欣慰地看到,即使遇到再大的困难,也无法磨灭孩子们对于知识的渴望。你看,那金色的落日在乌云的周围形成了金边,你感觉那不是落日,而是朝阳。

天籁之声传边寨

■ 崔超

四天时间,中缅边境乡村小学,二年级小朋友,没有任何音乐基础,学一首歌,登台现场表演,与长笛协奏,分领唱和合唱。没错,是挺难的,好在我们做到了。

从bE调到C调,音乐人李鹏一直在北京帮我修改伴奏;为了给孩子们找到一个合适的调配合长笛演奏,我们画线手写抄了五线谱;为了舞台最好的呈现,长笛演奏者朱莉时刻调整着降号数;为了找到一个领唱小朋友,我们一个接一个地让孩子们试唱。

最终领唱的小姑娘叫邹丽,圆圆的小脸,黝黑的皮肤,一双大眼睛炯炯有神。天赋是声乐的核心竞争力,她的音色嘹亮,音准良好,舞台表现力出众,虽然只有二年级,然而她对音乐的热爱以及舞台

的渴望，让我们觉得她是老天的馈赠。

台上一分钟，台下十年功。小姑娘很刻苦，下课就到志愿者休息的屋子，让我们给她做一对一辅导；音准、音色、气息、眼神、舞台表现，我们尽量地说着，她用心地记着。慢慢就发现教室外面围满了人，有同学，有老师，还有建筑工人，大家都被这个小姑娘的认真投入和动听歌声吸引。

为了确保演出效果，孩子们顶着烈日走台；为了调动孩子们的积极性，我们的志愿者想尽了各种办法做舞台调动。演出那天，主席台坐满了领导，瑞丽市副市长、教育局局长、宋庆龄基金会处长、明园基金理事长等等。面对关注的目光、众多的镜头，我们的小朋友们身着傣族节日的盛装，登台献唱。

当《送别》歌声响起的时候，所有的领导都拿出了手机，记录下这一难忘的瞬间。虽然现场音响条件简陋，但是长笛的乐声与童声响彻校园，那一刻，每一个观众都被他们的表演所感动。这就是音乐的力量。

演出结束后，线校长和学校的老师对我说，孩子们的表现太棒了，这种形式对这里的孩子们来说太难得、太珍贵了。七年的支教，七年的音乐课，我太知道孩子们需要什么了。

艺术教育，尤其是在困难的地区开展艺术教育，太必要了。艺术可以感

染人,艺术可以鼓舞人,艺术可以历练人。我们不敢说教了乐理、教了唱歌、教了竖笛孩子们就能成为音乐家,但至少可以在他们幼小的心灵中,埋下那一抹艺术的颜色。

明园情，中国梦

■ 崔超

这篇日记写得有点晚，但是心很静。回顾整个9月，感觉自己忙得快要起飞了。支教回来第二天，奔赴国家艺术基金结业汇报演出，这一关就是十多天。转过身就是中国传媒大学播音主持进修，好不容易赶上了国庆假期，写上两笔给自己一个心安。9月的关键词是充实、忙碌、丰富、多彩，但最令我难忘的还是我悲催的身体，先是支教期间全天候水土不服拉肚子，然后是感冒咳嗽，咽喉肿痛，真是苦难伴随成长，病痛令我难忘。

瑞丽到北京，3000多公里。支教路途遥远，想要回家也真是不容易。由于我们支教的荣棒在中缅边境，想要乘坐公共交通工具到德宏机场，那结果是令人崩溃的。好不容易我们包了车，一早杀回到了德宏市，迎接我们的却是瓢泼大雨。送走了炜明兄弟，正要街上走走，手机提示，我们乘坐的德宏回北京的航班取消了。此时距离登机时间不足4个小时。于是，我们迅速改签，跟着昆明的蛋蛋和思嫄先到昆明，然后再抢票回北京。西藏航空的飞机很准时把我们带到了昆明，当我们拖着行李赶到了海航的登机口，我们被告知飞机晚点，何时起飞不详。后来，历经了登机口变更，飞机坏了修飞机、换飞机，继续晚点等起飞，当我们到达北京的时候，已经是凌晨3点多了。

回程中飞机起伏不定，我虽十分疲惫但毫无睡意。回想起这次支教的点滴，想起一起战斗的兄弟姐妹，想起学校老师和孩子们的笑脸，心中久久不能平静。怀揣着来时的承诺,我向空乘借了一支圆珠笔,在呕吐袋的背面,写下了我的支教的第三首歌。

歌词分享如下:

你看过他们的笑脸,心中有挂牵;
你听过他们的歌声,泪花在眼前。
你走过千山万水间,感受过清苦;
你用满腔热情和泪水,托起希望为明天。
你难忘他们的双眸,时刻在守候;

你渴望他们的进步，初心无所求。

你声音沙哑不惜力，只为多传授；

你悉心耕耘的坚守，一份大爱满人间。

无论在何时，不论在何处；

我们大手牵小手，为梦想加油。

无论你是谁，只要同奋斗；

我们并肩经风雨，共筑中国梦。

写这首歌的时候，我眼前充满了画面感。这首歌是写给我们可爱的支教志愿者和公益人的。七年的时间走过不同的地方，一起战斗的小伙伴也许不同，但是大家对于支教的认真、执着，对于大爱的传递都是一样的。

歌词已有，作曲不远。我争取10月完成谱曲，年底前完成这首作品的制作。希望这首作品能够凝集我们青春的无悔，能够号召更多的人加入支教志愿者的队伍。

2017年支教活动，圆满结束。感恩，比心！

《明园共筑中国梦》

作词：崔超
作曲：崔超
演唱：陈盼

你看过他们的笑脸，心中有挂牵；
你听过他们的歌声，泪花在眼前。
你走过千山万水间，感受过清苦；
你用满腔热情和泪水，托起希望为明天。

无论在何时，无论在何处；
我们大手牵小手，为梦想加油。

无论你是谁，只要同奋斗；
我们并肩经风雨，共筑中国梦。

你难忘他们的双眸，时刻在守候；
你渴望他们的进步，初心无所求。
你声音沙哑不惜力，只为多传授，
你悉心耕耘的坚守，一份大爱满人间。

无论在何时，无论在何处；
我们大手牵小手，为梦想加油。

无论你是谁，只要同奋斗；
我们并肩经风雨，共筑中国梦。

扫码听歌

08 西藏那曲战高反 雪山脚下见真情

支教·守望者

■ 崔超

2018年10月8日21:30,西藏自治区那曲市嘉黎县明园小学。这里海拔4300米,抬头看满眼星辰,四周陡峭的大山积雪未融,野狗的群吠声不时回荡在凄冷的校园。我们八位支教志愿者,不分男女混住在学校的一间会议室内。

自10月5号到达西藏后，我们一行支教志愿者经历了很多此生未曾体验过的难忘经历。高原反应让我们心惊胆战，有人呕吐，有人发烧，有人头痛难眠，有人呼吸困难；长途跋涉，高海拔奔袭，不能洗澡，连上厕所都需要面对难以想象的画面。

可以说，这是我八年支教生涯中最艰苦、最具挑战的一次。虽然来之前做好了心理建设，但当团队小伙伴一个个倒下，当高反出现在自己身上时，心里还是焦虑万分。

如果问我这么多年来坚持支教的动力是什么，我觉得有一个非常重要的原因是，那些与我在祖国最艰苦的地方并肩作战的志愿者小伙伴们。回想四天来经历的一切，让我记忆犹新，充满感动。按照惯例，请各位跟随着我的文字，来认识一下他们吧。

高明，用执着诠释支教的意义。

高总，北京一家文化传媒公司的CEO。在我众多舞台作品的呈现中，都有高总的鼎力支持。一个很偶然的机会，跟高总聊起了支教的点滴，本以为是客套的对话，没想到是真诚的参与。为了给孩子们带来最好的课程，高总认真备课、准备教具，让我看到了他对于老师二字的崇敬。

高总到达拉萨的第二天就发烧，重感冒。大夫曾劝他放弃，我也建议他不要逞强。但是，当你看到他病中坚持与病痛作斗争，听到他说错过这次支教的那份遗憾，实在不忍心拒绝他的请求。好在高总先后战胜了感冒和高反，伫立在高原的夕阳下，在他的背影上，我看到了他对于公益事业的执着和对于藏区孩子们的关怀，期待他的课程。

许梅芳，用坚毅丈量公益的力量。

梅芳老师是我们团队中年龄最小的一位，凭借她在绘画、设计方面的才华，她给孩子们准备了精彩的课程。然而，也许是老天的历练，梅芳是此次高反最严重的一位。一次次的呕吐，一次次的头痛，让她手指甲发黑，面唇无色，我甚至为她买好了回京的机票。但是，当队伍开拔之前，你总能看到那个吸着氧气、走路颤颤巍巍的小姑娘，她眼神坚定地告诉你，"我能行"。从这个"95后"的小姑娘身上，我看到了未来的希望，感受到了坚毅的力量。

赵仲霞，用奉献点亮公益的征程。

仲霞是一团火，有她在的地方充满了温暖；仲霞是一面旗，有她的飘扬是信仰的味道。在工作中，她是攻城掠寨的干将；在生活中，她是体贴入微的保障。作为一名支教老兵，仲霞总能赢得孩子们的喜爱，更能得到支教志愿者和学校老师的赞誉。一个个良好口碑的背后，是她默默的付出，是她事无巨细的担当，更是对公益事业的大爱。有仲霞在，队伍里永葆温暖。

江田田，用温暖融化高原的冰雪。

田田，一名支教老兵。在中缅边境有她的身影，在青藏高原有她的足迹。田田的课堂总是充满欢笑，即便是超难搞定的低年级小朋友，到田田这里也都可以轻松摆平。因为她有着师者的耐心，有着智者的才华，更有着对于教育的热爱。田田是我们团队的开心果，有她在我们团队纵使经历疲劳、病痛，也都可以轻松应对挑战。田田是我们团队的贴心人，在大家睡去之后，是她在默默整理屋子，确保起夜的时候脚下没有杂物。感谢田田一直的付出和陪伴。

张璐玥，用艺术浇灌祖国的花朵。

她是河南省三门峡电视台著名主持人、播音员。她有着靓丽的外表，甜美的声音，更有着一颗感性的爱心。接到邀请后，她毅然决然地报名，我深知她在少儿播音主持教学方面的经验和功底，我也对她的课程充满了期待。璐玥的爸爸妈妈很担心我们支教小队的身体，多次远程送来问候，让我们每个人都十分温暖。艺术教育进校园，需要璐玥这样的专业老师，希望她的投入，可以给孩子们开启不一样的天空。

除了我们的几位老师，还有西藏产险的两位小伙伴：藏族小伙所郎次仁和曹杰星。有他俩在，我们的支教之行，安心无后顾之忧。

最后，我要真诚感谢八年来支持我们支教行动的各位领导和朋友，正是有了你们的点赞、鼓励和帮助，我们的公益之路才得以延续，山区孩子们的未来才充满希望。

2018支教行，我们一起在行动！

志愿者说 ZHIYUANZHE SHUO

第一次
— 高明 —

这次支教行动的几位小伙伴，不管之前是否相识，但在西藏相见绝对是第一次。异地相见大家各种的激动和兴奋，至少当天完全可以忽略所谓的高反！

说到高反大家在来西藏之前也都做过心理和生理上的准备和调整，但对于第一次来西藏的小伙伴们确实是一种挑战。第二天除了田田和璐玥这两个活蹦乱跳、活泼开朗的活宝，大家都有些胸闷气短，梅芳最为严重，头晕脑涨呕吐，早餐都没吃，属于典型的高原反应。

第一次参加公益支教活动；

第一次给自己放了半个月的假；

第一次一个人乘火车来西藏；

第一次把手机丢在火车上又失而复得；

第一次亲身目睹布达拉宫的雄姿；

第一次跟第一次见面的人亲人般的相处；

第一次在西藏洗完头就感冒发烧嗓子发炎；

第一次在异地深夜里想念特别想念的我爱的人们；

……

目前还没到达最终的目的地,我相信还会有很多的第一次。

当然,现在感冒嗓子发炎还在继续,还不能确定能不能继续跟大家共同把这次行动圆满完成。我可不想掉队,更舍不得就这样离开亲人般的小伙伴们!

千万里的相遇

- 江田田 -

北京到拉萨那曲嘉黎县,行程3500千米,这里海拔4500米,飞机火车汽车辗转了数日,昨天终于到达了这次支教的嘉黎县明园小学。

此处号称一年两季,一季是冬季,另一季是大约在冬季。虽然开拔前已经做好了无数心理建设,可是此行确是风霜雨雪道阻且坚。先是在

拉萨的时候两位小伙伴出现了严重高反和高原感冒,可是比起这些身体的不适,更让支教老师们觉得失落的是没有办法把精心准备的课程呈现给藏区小朋友。当老师们终于克服困难,翻山越岭穿越雪山草地到达那曲的时候,我们的芳芳老师出于安全考虑,不得不返回平原地区,小伙伴的离开,让我们心情有些沉重。

下午开始了正式的支教课程。这次支教的嘉黎镇中心小学虽然旧校区条件不尽如人意，可是德育教育完备，新校区条件更是一流，参观完新校区的我们心情也是澎湃。小朋友们藏语汉语通用，学东西也很快，也很乖巧伶俐，下课时还会有其他班的小朋友来围观。虽然第一天的课程因为语言和文化的原因需要一些磨合，可是教学相长，也希望通过语言，为藏区的小朋友们打开一扇通往新世界的门。

未完待续

- 许梅芳 -

往西宁的火车晃晃悠悠，一座又一座的雪山从眼前走过，蓝天白云，一切都是那么美。

背包里还揣着一本崭新的教师工作笔记，这是昨天嘉黎镇中心小学的校长赠予的，然而我作为一名支教老师，却并没有完成这次最重要的任务——讲课。因为始终适应不了高原低氧的环境，出于身体健康方面的考虑，大家最终还是决定让我先行离开返京。

这是我第一次支教，从前我对教师这份职业其实并没有多大的感触；但是当我们经过长时间的高原跋涉来到这所小学，每个孩子都用新奇、害羞的目光看着我们，路过的每个学生喊着"老师好"，我心中顿时生出一种莫名的感动和责任心。然而我却没能坚持下去，甚至没有来得及上一节课，就要这样抱憾而归。昨天下午即将驱车离开的时候，放了学的孩子们聚集在车窗前，一直冲我挥

手,告诉我没关系。离开的路程中,夜幕低垂,天空中挂满了星星,连银河都清晰可见,我在心里默默告诉自己:这不是一件没有关系的事情。人生中之所以要有遗憾的事情发生,是因为你能在下一次机会中表现得更好。所以,将来但凡有机会,我一定会努力弥补,并且希望在支教的道路上走得更加长远。

此刻火车正驶过一片草原,草原茫茫无垠,天空白云朵朵,耳机里正放着我最喜欢的五月天的歌曲《憨人》:不怕路歹行,不怕大雨淋,心上一字敢,面对我的梦,甘愿来做憨人。

雪山下的星星

— 张璐玥 —

这里是那曲市嘉黎镇明园小学,海拔4300米,雪山环绕,气候恶劣,生活极其不便,提裤子几乎用尽全身力气,上厕所就可以要了我的老命。除此之外,还要面对随时喷涌而出的鼻血和快要跳出胸腔的小心脏。驱车前来,翻越海拔5200米的雪山,阴云密布,土地荒芜,寸草不生,天贼冷。校长特别热情,站在山口捧着哈达真诚迎接我们,说到替孩子谢谢我们的时候声音哽咽泪光闪烁,这一刻使命感油然而生,因为高反而产生的"蒙圈"的感觉慢慢消失,我是谁我在哪儿我要干什么逐渐

清晰和明朗。

　　下午是我第一次上课，抱着暖壶和氧气罐气喘吁吁冲进教室，迎来第一声老师好，黑红的小脸和洁白的牙齿让我在高原有了大声说话的勇气，据队友说我的声音在隔壁教室都能听清楚。同学们比想象中更认真更聪明更勇敢，踊跃举手上台朗诵和表演，集体诵读时的声音和热情更是出乎我的意料。我立志要让每个班级都有一个汉文集体诵读的节目，也不枉费同学们对我的期待和这些天因为高反流的鼻血。

　　今天下午一个非常活泼的队友因高反被紧急送离，所以此刻的房间略显安静。夜幕降临，星空超美，就像孩子们的眼睛，一闪一闪亮晶晶。雪山下气温也低了下来，雪水滴答，犬吠此起彼伏，灯光昏黄，我们的房间里点着用牛粪燃烧的火炉，有点呛但能暂时取暖。同学们的宿舍离我们不远，不知道他们被子盖好了吗，洗脸是否有热水，此刻冷不冷。

　　睡，醒了去上课。晚安。

又见支教

– 赵仲霞 –

记得第一次参加支教活动是2016年跟随崔老师在广西的河池小学，次年因为各种原因而无法与小伙伴们相约云南继续参加支教，为此自己还默默地遗憾了好久。这次崔老师确定要来西藏支教，我跟崔老师说"一定要带我去"！今天站在雪域高原之上，还要感谢他带我实现了这个心愿。

来之前始终忐忑高反的问题，纠结是飞机还是火车，订了的火车票最终还是退掉了。10月5日经过4个小时的飞行抵达拉萨，落地后收到了当地平安产险小伙伴送上的洁白的哈达，内心无比激动。

同行的小伙伴们还没来得及欣赏一下拉萨的美景，就相继出现高反症状：感冒、头疼、鼻血不止……在拉萨休整了一天，10月7日一早我们驱车前往那曲，挑战了5200米的海拔高度，我也无奈选择抱着氧气瓶来缓解不适。

一路经过荒无人烟的草原、皑皑雪山来到嘉黎镇。校长和书记带着老师们一早就守候在镇口迎接我们，当校长将洁白的哈达戴在我脖子上时，感觉身上的责任更加重了。

在校园里，校长其实早就准备好了一切，只为让我们能舒适一些，处处的精心安排，让我们觉得此行必须不辱使命，要倾尽所能教授给孩子们更多的知识。纵然早晚温差巨大，纵然旱厕的状况超出想象，纵然连续说话都头疼，纵然稍微快走两步就头晕，我们依然很开心自己能来到这里，与孩子们一起度过一段时光，希望我们能带给他们一些温暖和正能量。

参观完新老校区，索次校长向我们介绍学校德育特色文化，我们看到国家对于学校的教育投入诸多，更加先进的教育设备及更多的师资投入，让我们对于孩子们的未来充满希望，愿孩子们学有所成！

下午带着教具、氧气罐来到四年级的班级，计划教授孩子们数独。我希望通过运用纸、笔进行演算，锻炼孩子们的逻辑和推理，让大家更加喜欢数学。离开教室，找到校长，表达了我希望增加课时的意愿，希望在身体条件允许的情况下，增加与孩子们交流的时间。

道路虽艰险，我们充满希望，2018支教行动中！

我的支教观

■ 崔超

环绕的雪山在阳光下的照射下冰雪融化，呈现出它原有的颜色。在蓝天和白云的映衬下，茶马古道的山峰显得格外巍峨高大。虽已是星期六，寂静的校园因为悠扬的竖笛声，显得分外美丽。

为了能给孩子们多一些指导，竖笛小队的孩子们牺牲了自己的休息时间，在崔老师的带领下，向着一首首新曲子阔步前行。孩子们褪去了校服，换上了自己喜爱的服装，明亮的眼睛，积极的反馈，悟性很高的演奏技巧，进步神速的乐理知识，如果不是高原反应不时地让崔老师头痛不已，他真的幻觉自己是在给城市的孩子们授课。下课后，崔老师一个人走在寂寥的校园中，回忆起八年来的支教历程，感慨良多。

八年，是一段并不短暂的时光。因为对于公益的热爱，对于艺术教育的笃行，崔老师跨过山和大海，见过人山人海，在支教的路上经历、体味、思考、成长。崔老师的初心很简单，尽己所能，把自己擅长的音乐知识送给大山的孩子，为他们点亮梦想的火种。

崔老师见过、听过很多人和事，对于支教来讲，也有一些自己的思考：

第一，该去什么地方支教很重要。崔老师的格言是：学校硬件条件是第一标准，条件好的一概不去。支教对于每个人来讲意义不同，对于崔老师而言，明确的是到最困难的地方去，把精彩的音乐课送给最需要的孩子。面对豪华的校舍，面对条件较好的孩子，崔老师更喜欢苦脏累险的历练，喜欢从条件艰苦的孩子中，选拔、培养颇具天赋的同学。

第二，以什么形式开展支教很重要。崔老师提倡用自己的时间，自费完成支教。正所谓心诚则灵。虽然支教是一件好事，但是当一些"福利"出现的时候，恐怕会有一些人打着支教的旗号，体验山水乐趣，忽略支教本心。因为见过，所以记得。

第三，认真准备课程不负孩子期望最重要。崔老师深知专业才能创造价值，在他的团队中，都是身怀绝活的老师。避免课程的索然无味，避免支教"水货"的碌碌无为，是他一直所坚持的。正所谓，专业恒久远，品质永流传。

支教是一种情怀，更是一份责任，只有你真正理性、坚持地走下去，才能体会其中的真谛；支教是一种鞭策，更是一份信仰，只有你用心付出，才能体味生活的不易。希望各位支教志愿者，能够时刻怀揣一颗敬畏之心，用自己的青春和赤诚，去奉献纯净的初心。

志愿者说 ZHIYUANZHE SHUO

北山

- 高明 -

终于从那曲安全抵达目的地嘉黎县嘉黎镇中心小学。

一路上满眼都是巍峨的雪山，正常情况下如果要吟诗一首的话，那必定是毛主席的《沁园春·雪》。雪山的巍峨壮丽用镜头或词语是不能完全展现和形容出来的，除非是你亲眼所见！

随后我们就自由在学校走走转转，了解一下相关情况，看看先前做好的教案需不需要调整。这一转脑子一下子"蒙圈"了，当然不是高反更不是感冒，而是这所学校的教室实在简陋，都没有一面起码的完整的供教学使用的黑板墙，讲台上扔着的只有很短很短的粉笔头。条件差，看来确实很需要教育支援。

天使般的孩子不该是这样的学习和生活环境，我疼孩子，所以我心里……在痛哭吧。可是现在我们只能尽这微不足道的绵薄之力。

晚上接到宝贝闺女打来的电话，问我在西藏有没有看到狼啊、藏羚羊啊、牦牛、老鹰等等，我跟她讲这些动物都见到了，但爸爸最想让闺女看到的就是北山！爸爸要在北山教很多的小朋友们学写字，回去爸爸也教你学写字，等你长大了爸爸再带你来看美丽的北山！

抬头满天都是亮晶晶的小星星,想起晚餐时我说的一句特别俗特别老土也特别暴露我年龄的话,我觉得有意义,再重复一遍:星星之火可以燎原!再多送浮躁不知足的我们一句:仰望星空,脚踏实地!

在世界屋脊支教

— 江田田 —

每一个人都有一个待完成的西藏梦吧,转眼来西藏已经六天了,而那曲是西藏海拔最高的地方,一想到自己正在世界的屋脊支教,心情也是满满的激动。渐渐习惯每晚点着牛粪取暖,睡在会议室的椅子上,没有Wi-Fi,偶尔有3G,经常没电的生活。午休时候大家晒着太阳喝着茶聊着天,晚上围在炉前烛光灯光前下聊着今日的收获写着教学日记,生

活平静又祥和。

　　藏区的孩子们看起来腼腆很多，第一次自我介绍的时候声音小到听不见，让他们上讲台全靠生拉硬拽。可是经过几次磨合之后，他们会主动上讲台唱一首歌，介绍一下自己的手工作品，在校园见到你的时候会远远地打招呼，从看到你的镜头会躲开，到冲着镜头做个可爱的鬼脸，帮你拿遗漏在教室的物品，对你教他们的手工发出赞叹，都让你觉得自己也简单又快乐。

　　有人问为什么要花时间来支教，我想了想大概是因为你在拥挤的人潮中感到迷茫时，你会想到在远方的教室里有一双双明亮的眼睛在等待你，让你想做一个更好的自己。

坚持·一切都会过去
- 张璐玥 -

　　一夜几乎未眠，实在喘不上气。早晨睁眼，腹部剧痛手脚冰凉，大姨妈太诚信，在雪山如约而至。斗得了风雪，战得了高反，真心干不过大姨妈。没过一会儿睡意全退，疼痛感更加明显，绝望。校长闻声赶来，要求取消我今天的课程。我想点头，但还是坚持起了床，和同学们一夜没见，想他们。

　　谁能体会这种感觉？起身至少一分钟，目光呆滞双手颤抖呼吸困难几乎一命呜呼,颤颤巍巍去拿氧气瓶,勉强续命。肚子里好像装了眼前的雪山,万年见不到太阳的那种,凉透了。在队友们的照顾下,喝了一碗红糖米粥一碗红糖水,吃了一个煮鸡蛋,还有一颗布洛芬缓释胶囊。

比止痛药好使的是同学们。今天我们要挑选学校的小主持人,书记带来10多位同学,有的流着鼻涕,有的小脸黑红,给他们一首诗朗读后留下了10位,5男5女。孩子们太没自信,说话时低着头不敢看你的眼睛,答错问题会缩着脖子用手捂嘴偷笑,这哪有主持人的样子!第一步,训练他们的站姿,昂首挺胸目光平视,雪域高原的孩子就应该有雪山的巍峨和挺拔。起身示范,起猛了打了个趔趄,说不出话,浑身冰凉,拿起氧气猛吸几口,同学们连忙上前,用不怎么标准的普通话说老师您没事吧!普通话不是检验是否是合格主持人的唯一标准,有血有肉有真情才是。

午休时和没课的队友坐着晒太阳。高原的太阳很热烈,照在身上格外温暖,我们抱着茶杯侃大山。从工作到生活,从理想到人生,从面包到爱情聊个通透,期间有人哭有人笑有人发言有人沉默。简单一点,想不明白了就想想孩子们的眼睛。

再来颗止痛药,坚持一下,一切都会过去。

雪山脚下的舞蹈

– 赵仲霞 –

在前一天的加课申请下,第二天总共给孩子们上了四节课,感觉自己快要窒息,下午回来就开始浑身发烫,心里暗示自己"没事没事,我能扛过去",晚上睡了一觉,还好起来后满血复活。藏区的孩子们比我当年在广西遇到的孩子们更加腼腆,支教老师对于他们是陌生的。在给孩子们上数独课时,孩子们从最开始腼腆得不敢举手回答问题,到掌握推理方法后,积极上台答题,看到孩子们自信的笑容,觉得再累也值得。

中午第四节课结束后,全校来到操场,跳起了锅庄舞。音乐响起,孩子们舞蹈的热情感染了我,我完全忘记高反和气短,加入孩子们当中,学习藏族舞蹈。虽然我舞姿笨拙,但还是愿意参与到孩子们的舞蹈中。那一刻艳阳高照,蓝天白云,远处皑皑雪山,我们在草地上与孩子们一起载歌载舞,欢声笑语,不由感慨,快哉快哉!当然了,跳完舞,我就上气不接下气,午饭都吃不动了……高原真是不一般……

竖笛教学在高原

■ 崔超

很难想象，4300米急走两步都喘，在这样的环境里教孩子们吹竖笛是怎样一种体验。在逐渐适应了高反以后，我的竖笛课终于可以落地开展了。

在前期的摸底中，孩子们对于乐理知识是一张白纸。唱名、节奏、音准毫无认知。由于只有20支竖笛，为了确保教学质量，让竖笛队可以成立起来，我在三、四、五年级分别上了一堂音乐课，一来是给孩子们普及实用的乐理知识，二来是挑选一些有天赋的孩子入选竖笛队。

作为明园学校2018年艺术教育进校园的重要科目，竖笛教学一直是我关注的一个重点。从年初录制远程竖笛教学视频，让全国各地的孩子们可以从零学起，到整个6月前往八所明园小学巡检辅导，再到8月在上海的明园竖笛夏令营，一支小小的竖笛，让我与众多的孩子结缘。

当来自三、四年级的20个孩子聚在一起，拿到竖笛的时候，他们眼中充满了惊喜与好奇。课堂中，他们积极与我反馈互动，尽自己的全力完成音符的演奏。孩子们高原红的小脸，镶嵌着两只狡黠的眼睛，冰凉黝黑的小手，

尽力去摁住六个发音孔。含蓄害羞的性格,需要舞台和表演,让他们成长。坦率地讲,在这么短的时间内,让孩子们变成竖笛达人是不太可能的,而我能做到的就是教会他们方法,尽可能地去认识音乐,并从可以演奏的几首乐曲中,激发他们对于音乐和生活的热爱。

俗话讲,声乐老师喜欢聪明的孩子,器乐老师喜欢勤奋的孩子,希望孩子们认真学习、勤奋练习,在2019年明园竖笛夏令营中,可以看到他们的身影。

> 志愿者说 ZHIYUANZHE SHUO

阳光下的我们

– 高明 –

这里跟北京大约有两个小时的时差,早上8点钟左右天亮,9点左右吃早餐。我们上午的课程大部分安排在第四节课,基本是上午的最后一节。今天的教学任务是给五年级的同学教书法,相比昨天三年级,我调整了一下教学方法,孩子们更容易接受。看到孩子们渴望求知的眼神,真的不忍心结束每一堂课,原本11:20开始12:00结束的课程我一口气讲到12:50。孩子们脸上挂满了灿烂的笑容,各种形式地表达对我的感谢,除了会大声地说谢谢老师,还用毛笔写下"老师您辛苦了""我们爱您",还给我送上了自己画的水彩画,心里满是温暖,就像正午的阳光投在身上。

吃完午饭,我们几个围坐在一起,享受着雪域阳光带来的温暖,支教工作步入正轨,大家得闲坐在一起聊聊天。

不舍离别
- 江田田 -

时间过得很快,历经了史上最长的不洗头活动,支教马上也要接近尾声了。今天早晨起来下了雪,太阳一出来,晴空万里,大家在操场上跳起了锅庄舞,远处是连绵的雪山,别有一番风味。

下午给小朋友们上了英语地理课,他们围在我身边,看着国旗、听着这些国旗的来历和国家的故事,十分入迷,不停地问我一些问题。我希望他们可以掌握更多的语言,有一天有机会可以走出去,会发现世界就在他们身边。

虽然前几日一直在数着回拉萨洗澡的日子,可是支教结束的日子渐近,却越来越舍不得这里朝夕相处的老师、同学、小伙伴们呢。

遇见
- 张璐玥 -

遇见是人世间最美好的词,它让故事开始。

9月初准备支教,10月4日坐了20多小时火车进藏。一觉醒来,窗外变了模样,初升的太阳在雪山后泛着橘红色的光,瞬间睡意全无,披着

衣服坐起来。车厢不超过10个人，非常安静，偶尔有推着小车卖早餐的乘务员。外面还很黑，星星点点的车灯在蜿蜒的山路上闪烁，不知道他们是回家还是像我一样刚刚出发。

晚上8点多，终于和全部队友相遇。校长、书记、老师们为我们打点好生活上的一切，我们只需上课即可。没课的时候，集体晒太阳。在雪山下，我们有个玻璃房，下午时分，阳光充足，格外温暖，我们或躺或坐，无限畅聊，分享着不一样的人生和感动。

和你们相遇，是件特别幸福的事，和你们在一起的日子，是人生中最美好的时光。今晚雪山下星星不多，因为最明亮的星星此刻都在我的身旁。

鼾声四起，气温很低，我却温暖又幸福。

老师，可以教我们手工吗？

— 赵仲霞 —

今年准备支教课程的时候，一方面是满足学校提出的数学教学需求，另一方面是准备了孩子们喜欢的手工课。来到学校后，与校长、书记沟通后，确认高年级以趣味数学为主，低年级以手工课为主。

当我带着提前准备好的手工彩纸进入教室时，孩子们无比开心；当我展示千纸鹤成品时，孩子们会崇拜地说"老师你好厉害"，让我感受到一个简单的折纸带给孩子们的纯粹的快乐。一节课下来我说话的力气都没有了，尤其上一半课后需要吸氧才能继续教学，也算是今年的一大困难吧。

愿千纸鹤能实现你们的心愿，愿桃心能承载你们的心意，愿小小的折纸带给你们快乐！

脊梁

■ 崔超

记得我们从那曲下到嘉黎县的时候,在盘山路与国道的交会处,有一群人在白雪皑皑的雪地中静静地等候。他们身材高大,面色黝黑,俊朗的面容,映衬着热情的双眸。当我们舟车劳顿赶到的时候,亲切的握手、洁白的哈达,让寒冷、晕车和高反相忘于脑后。

索朗次仁校长,一个86年的藏族汉子,也许是与我同龄的缘故,看到他的时候,我总是多了几分亲切。

嘉黎明园小学的老师们年龄都不大,但是总是透着一种质朴、善良和温暖。为了照顾好我们的起居生活,老师们付出了很多。索次校长总是说,我们从北京赶来不容易,是用生命在支教,而我们真心地觉得,我们的到来给老师们增添了很多的麻烦。

在这个浮躁的年代,在这个中国乃至世界最高海拔的小学校园,我们看到了这些有血有肉、质朴善良、扎根祖国教育一线的基层老师,备感尊敬。我时常在想,如果是我留下来,当一名教师,我该如何

去面对这些对知识充满渴望眼神的孩子们。体验一时容易，体味一生太难。

嘉黎镇中心小学教职工基本信息

序号	姓名	性别	民族	籍贯	政治面貌	出生年月	职务	职称	职称聘任时间	参工时间	学历	毕业学校	专业	身份证号	联系电话	工资卡号	备注
1	索朗尼玛	男	藏	嘉黎县	党员	1987.6.5	校长	小一	2012	2009.8	大专	拉萨师校	现代教育				
2	贝曾	男	藏	嘉黎县	党员	1988.4.12	书记	小一	2013	2010.9	本科	西藏大学	汉语				
3	际曼东占	男	藏	巴咯则	党员	1982.8.28	副校长	高级	2014	2005.7	本科	西藏大学	教育学				
4	旦巴白色	男	藏	芒康县	党员	1985.12.10	副校长	高级	2014	2005.7	大专	拉萨师校	藏文				
5	米玖安金	女	藏	嘉黎县	党员	1991.8.24	教务主任	小一	2012	2008.8	大专	拉萨师校	汉语				
6	达瓦卓玛	女	藏	嘉黎县	党员	1975.10.13	教师	高级	2010	1996.7	大专	拉萨师校	汉语				
7	琼木卓玛	女	藏	嘉黎县	党员	1978.8.12	教师	高级	2010	1999.7	大专	拉萨师校	汉语				
8	扎西卓玛	女	藏	嘉黎县	党员	1987.4.2	教师	小一	2012	2008.7	大专	拉萨师校	汉语				
9	旺堆曲扎	男	藏	芒康县	党员	1989.2.19	教师	小一	2013	2010.7	本科	西藏大学	汉语				
10	索朗曲珍	女	藏	拉萨	党员	1985.10.7	教师	小一	2009	2005.7	本科	西藏大学	数学				
11	拉巴卓玛	女	藏	拉萨	党员	1991.3.11	教师	小二	2014	2013.12	大专	拉萨师校	汉语				
12	央金拉姆	女	藏	那曲县	党员	1991.4.3	教师	原级	2014	2014.7	大专	职业学校	水电				
13	扎旺	男	藏	拉萨	党员	1992.12.26	教师	原级	2015	2015.9	大专	拉萨师校	英语				
14	次仁顿珠	男	藏	拉萨	党员	1990.7.3	教师	原级	2015	2015.9	大专	西藏大学	会计				
15	索朗卓玛	女	藏	山南	党员	1992.2.9	教师	原级	2015	2015.9	大专	拉萨师校	藏文				
16	旺堆		藏	嘉黎县													
17	次仁群姆		藏	嘉黎县													
18	桑珠		藏	嘉黎县													
19	加央		藏	嘉黎县													
20	曲珍		藏	嘉黎县													

嘉黎镇幼儿园

序号	姓名	性别	民族	籍贯	政治面貌	出生年月	职务	职称	职称聘任时间	参工时间	学历	毕业学校	专业	身份证号	联系电话	工资卡号	备注
1	阿琼		藏	嘉黎县	党员	1968.7.3	院长	高级		1987.7	大专	那曲师校	藏文				
2	曲珍		藏	嘉黎县	团员	1984.11.8	教师	一级		2013.12	大专	拉萨师校	幼教				
3	忠措		藏	嘉黎县	党员	1989.6.3	教师	二级		2014.8	大专	拉萨师校	幼教				

索次校长在带我们参观新建校舍的时候，对校园的一砖一瓦如数家珍。学校的办学理念、历史典故、管理方式他娓娓道来。在社会各界的大力支持下，新校舍将以全新的面貌迎接200多名藏族孩子的到来，老校舍也将改造成为爱国主义教育基地。看到现代化的校舍，想象孩子们未来的幸福生活，我备感欣慰；同时，也从索次校长的眼中，看到了一种喷薄而出的坚毅和力量。

中国的未来在教育，教育的根基看老师。我走过太多的山村小学，深知老师对于孩子们成长的重要性。很幸运，在这里我看到了很多像索次校长一样，想干事、能干事、干成事的青年教师，他们今天的辛勤付出，就是藏区孩子们未来的希望。

嘉黎明园小学矗立在连绵的雪山之间，犹如一颗宝石镶嵌在青藏高原。学校的存在汇集着孩子们希望的火种，而点亮这火种的正是这些战斗在教育一线的基层教师，他们可敬可爱，他们是中华民族的脊梁！

志愿者说 ZHIYUANZHE SHUO

山水一程，三生有幸

— 高明 —

再美的风景，都只能停留在眼里，一起分享的欢笑和经历，才会深深地烙在心里！

到这个时间点儿，总是会把这一天的经历在心里重新播放一次，也是要把这段经历做一次备份。

每天都是充实欢乐难忘的一天，离支教结束的日子越来越近，愿彼此都珍惜每一个黎明与黑夜。你我山水一程，三生有幸！

我爱你,中国

— 江田田 —

那曲到拉萨,
车程三个半小时,
也算是满足了我坐着火车去拉萨的小小心愿;
沿途是奔跑跳跃追逐太阳的藏羚羊,
是竭其一生倾其所有匍匐前往拉萨的虔诚藏民,
是蓝天白云连绵雪山广阔草原和马不停蹄的施工车队。
离开了支教的嘉黎镇中心小学的我们,
终于洗到了数日来的第一次澡,有自来水可以仔仔细细地洗个脸,
终于不用每日靠烧牛粪取暖,整日和衣睡在会议室改造的长凳上,
终于不再担心厕所里出现闲逛的野狗,屋外晃着长着角的牦牛,隔壁村子闯入民宅的大狗熊。

可是每一次的支教结束总是会依依不舍,
是因为清晨推开屋门时飘落的安静雪花,
是夜晚似乎触手可及的漫天繁星,

是停电后点着蜡烛一起备课聊天儿，
是在雪山脚下一起跳起的锅庄舞，
是那一群小小人儿们从到胆怯到欢乐到慢慢自信，
是校长书记老师们经得住寂寞默默奉献坚守乡村教育一线，
是很多很多的热泪盈眶。
有次路过河边问小索次为什么藏族不吃河鲜，
小索次说因为一头牛可以养活很多人，
却需要很多鱼虾才可以维生，
同样都是生命，所以会选择伤害更少的动物。

是啊，为什么选择支教，
大概是在拥挤的人群中，
想到远方的教室里，
还有一双双明亮的眼睛，
让你想做一个更好的自己吧，
天高地阔，策马长歌，
此刻断片儿的我只想说"我爱你，中国！"

五星红旗，迎风飘扬
— 张璐玥 —

今天是在嘉黎的最后一天，一觉醒来，校长已经来到房间帮我们生火取暖。翻个身，拿起氧气罐猛吸两口，已是常态。

这两天一直给同学们排练诗朗诵《五星红旗》，同学们非常认真，每人都把稿件打印在红色的A4纸上，双手捧着一遍遍跟我诵读。从体态站姿到语音语调，需要反复纠正。同学们聪明，两个下午就已经脱稿基本可以表演了，为了让他们更好地释放出来，我们去了操场。学校操场很小，四周雪山围绕，风很大，操场中的五星红旗在雪山的映衬下迎风飘扬，特别好看。身边的同学们，一个个鼻涕直流，头发凌乱，小脸通红，裹着衣服瑟瑟发抖。我说"要不咱们回去吧，操场太冷了"，同学们说"老师我们不冷，我们一定大声说话，不让您生气"。当前奏响起，同学们互相提示着站好站好要开始了，每个人都认真得让你流泪。声音干净，眼神清澈，举手投足整齐有序，风范十足，这是我听到的最走心的朗诵。

鲜艳的五星红旗，迎风飘扬！

无论在温暖的南方，还是寒冷的北疆，

你都依旧腰杆笔直,始终英姿飒爽!

鲜艳的五星红旗,你的精神永放光芒,你的意志无比坚强,

你是中国人民的未来,你是中国发达复兴的希望!

我们要,好好学习,天天向上!

让鲜艳的五星红旗,永远迎风飘扬,

永远,迎风,飘扬!

很好,声音洪亮,充满希望,我的眼泪一下就出来了。校长、书记和老师们站在车边为我们送行,我不敢看他们的眼睛。雪山一座座向后退去,索次开着车,我和队友星星泣不成声。

我的心永远留在这里。

忆支教伙伴
— 赵仲霞 —

别了,4300米氧气稀缺的高海拔;别了,不能洗头洗澡的油腻日子;别了,寒风凛冽的日子;别了,让我们各种吐槽的旱厕;别了,可爱的同学们和可敬的老师们。再多不舍我们今天也将分别,此刻洗漱完,躺在床上,翻看手机里的照片和视频,静静回忆着这一次支教的点点滴滴,回忆我们共同经历的日子,有艰难险阻,但更多的是欢声笑语。

感谢热情的藏族小伙索次弟弟,感谢全程拍照激励的星星,更要感谢校长和书记的细心照顾,愿孩子们茁壮成长,学有所成!

所有一切都将成为最宝贵的回忆!

高原的五星级酒店

■ 崔超

支教期间,我们入住的五星级酒店,世界绝无仅有。这里既有大通铺的壮阔,又有不分男女的奔放。屋外大山银装素裹,屋内寒冷深入骨髓,脱衣睡觉已是奢望。在牛粪燃烧释放的热量下,小伙伴们身披大衣,挤在一起回忆一天的教学体会,相谈甚欢。时有时无的2G网络,让微信传承了短信的职能;断断续续的电量,让手机充电举步维艰。夜已深,电已停,点一支蜡烛,写上一篇支教日记,光影闪烁中,满是幸福的回忆。洗澡洗头,已经成为很久之前的宝贵回忆,每天最大的挑战是面对旱厕的视觉冲击。夜深时分,野狗和牦牛在门口游荡,夜间如厕是对意志品质的极大考验。女士艰难,男士略好,感叹矿泉水瓶子是不二之选。

就是这样的环境,并未阻挡志愿者们前进的脚步;就是这样的经历,让大家在青春的征程中书写了难忘的篇章。为了给我们创造最好的生活环境,校长、书记和老师们,为我们准备了可口的饭菜,让我们可以补充营养;一袋袋牛粪放在门口,为我们带来了温暖和力量。维修电闸、点

火生火、准备热水、采买水果,校长和老师们为我们付出了太多太多。

这里是高原的五星级酒店,我们此生难忘;这里是高原的五星级酒店,我们无怨无悔。

志愿者说 ZHIYUANZHE SHUO

再见
— 高明 —

截至今日,2018明园小学支教任务已经圆满完成,我们带给学校和孩子们的不只是一些教学物资,还有很多精彩纷呈的教学课程,我们也留下了开心、难忘的回忆!

崔老师说这并不是结束,而是更多希望的开始。我相信明年的这个时候孩子们都已经在新校区开始了新的学习和生活,老师和孩子们的笑容会更加灿烂!

独家记忆

— 江田田 —

一周的支教活动竟然很快接近尾声，冲淡对同学们离别愁绪的，大概是对赶紧去城里洗个热水澡的渴望，一心想要回到拉萨回到布达拉。见到那曲酒店的床兴奋得要哭出来，头发洗了三遍才刚刚有点顺滑，吃了一顿热火锅，觉得整个世界又重新美好了起来。而真正的离别，大概是始于拉萨，因为比起与同学们的相处，更舍不得的，是这些天朝夕相处的你们。

这是一场始于海拔3573米的相遇，也许我们以后会经常见面，也许从此天各一方。我很幸运，通过支教这条纽带认识了很多靠谱的人，和他们一起做了很多有意思的事。

送别

— 张璐玥 —

早晨醒来，习惯性地摸枕边的氧气罐，猛然意识到我已经不需要，因为已经离开那曲，离开嘉黎，离开学校，离开雪山了。

虽然难过，但也欣慰。因为在这期间，我们参观了学校的新校区，和现在黑板已经斑驳的老教室相比，那里简直是同学们的天堂。新校区的教学楼里有各种字体的德字，传递着以德为先的理念。每个教室都配备了多媒体设备，宽敞明亮，阳光明媚，虽然现在还未建成，但也能想到同学们在这里上课快乐的样子。除了教室让人惊喜，新校区的体育场和阳光读书房也让我们意外，可以用豪华来形容，我爱的同学们都在这里上课真是一件幸福的事。期待未来的你们能够在新的环境里有更大进步和新的作为。

今天，我的队友们已各奔东西，开始自己的生活。此刻我和队友星星坐在拉萨的街头，聊着这些天。第一杯酒，敬嘉黎的同学，愿你们好好学习，快乐成长；第二杯酒，敬此行的相遇，不管时间过去多久，我都会把你们铭记；第三杯酒，敬可爱的校长和书记，是你们的坚守，才有了雪山下孩子们的春天。

长亭外，
古道边，
芳草碧连天；
晚风拂柳笛声残，
夕阳山外山。
天之涯，

地之角,
知交半零落;
一壶浊酒尽余欢,
今宵别梦寒。
朋友们,愿此去繁花似锦,再相逢依然如故。

《把爱留给你》

作词：崔超
作曲：崔超
演唱：崔超

离天最近的地方，是大雪覆盖的苍茫，
远山环绕的方向，是我们牵挂的地方。
　一起走过的沧桑，此生不能相忘，
　只为那里的孩子，有爱托起希望。
　把爱留给你，不怕路途远长，
　把心托给你，点亮未来的光芒。

扫码听歌

09 | 宁夏固原深秋聚
九载征程再出发

九载支教路　用心再出发

■ 崔超

有一份期待时刻不曾忘却，

有一份信念始终放在心怀；

有一种力量激励我们成长，

有一份收获值得一生珍藏。

这里是宁夏回族自治区固原市彭阳县，距离北京1400公里。我们一行七人周末出发，乘飞机从北京到西安，再转一天一次的航班，从西安飞固原，乘汽车1个小时到达县城，开启了此次支教之旅。

我第一次来这里，是去年明园学校竖笛培训巡检，当时学校的主楼还正在建设，即便如此学校还是非常整洁、安静，可见学校的管理十分用心。学校背临土山，面朝小河，远山的窑洞和广袤的黄土地，给人一种粗犷的秀美。11月的天气已十分寒冷，站在空旷的操场上，闻一口凛冽的寒风，瞬间感觉你和这里融为一体。

支教第九年了，走过了很多的地方。特别欣喜地发现，学校的校舍环境越来越好，精准扶贫的助力，让孩子们的生活条件也都有了改善。看到孩子们质朴的笑脸，看到他们自信地成长，再冷的天气，心中也都会泛起温暖。

这次与我同行的另六位志愿者老师均来自北京，一

如既往的是我精心挑选的授课达人。他们很多都是多年的支教老兵，经验和责任心无与伦比，加上他们精心准备的课程，一定不负老师和同学们的期待。

九载支教路，用心再出发。我们愿化作冬日山间的一缕暖风，虽不能改变寒冷，但能为那里的植被传递春天的气息，播种希望。

志愿者说 ZHIYUANZHE SHUO

支教，在路上
— 高明 —

跟几位老战友经过两天的辗转，终于抵达目的地彭阳县城阳乡中心小学，开始了第二年的支教工作。

尽管有了去西藏支教的经验，内心的压力还是蛮大的。在来之前的一段时间就开始着手备课，在网上查资料，去女儿的培训班跟老师请教

学习，加上每天不停地反复练习，只为给孩子们带去有趣、有意义的支教课程。

经过精心备课必然呈现出来的是一堂精彩的课程，孩子们认真、渴望的表情和眼神是最好的证明！我想这也是我们千里之行的目的和意义，也是我们能坚持的动力！

支教行动，我们在路上……

辗转的支教旅途
- 江田田 -

支教第三年，北京→西安→固原，又加几个小时车程，到达了本次支教的彭阳镇。比起擦枪走火的中缅边境，狗熊出没的青藏高原，这次支教的城阳乡中心学校的环境简直太好，崭新校舍，琅琅书声，安静街道，相对优越的地理环境。各项精准扶贫政策的推进也让这边家庭收入来源有所保障，全校138名学生中只有6名留守儿童，这也让作为支教老师的我们对自己的课程准备提出了更高的要求。

但是当见到城阳乡中心小学校长的时候，校长告诉我们虽然学校硬件设施完备，而且城阳乡是经济条件较好的乡镇，但是体育美术音乐等专业老师还是稀缺，原本的音乐老师几个月前也考到了外面，年轻老师们越来越少愿意留下，教师年龄结构偏大。所以当孩子们见到我们这些支教老师也是满满的好奇和新鲜，喜悦地一直问什么时候可以上课，可不可以有体育课。

随着经济水平的提高和互联网的不断覆盖，乡村教学的硬件越来越好，孩子们接触信息的机会越来越多，可能小学生都会不时拿着手机玩游戏刷抖音。作为支教老师，可以为这些孩子提供一些什么不同的视角来认识世界，又有没有年轻老师愿意接过这个接力棒，用热血和青春铸就乡村教育的基石呢？

再回宁夏

- 谭泽洋 -

五年是一个具有阶段性的时间，今年是我第五年支教，五年走过了宁夏、广西、云南、青海，又回到了2015年第一次支教的宁夏。

每年10~11月，固定的年假都会留给这个事情，不是自己有多么高尚，是打心里愿意做这个事情，志同道合的志愿者伙伴们，我们为的都是心中的爱，都是满满正能量的传递。

五年，心里有太多的感受，五年，再出发；做更多有意义的事情，与孩子们在一起，与美好相伴。

第一节课

- 许梅芳 -

转眼又是一年过去了,今年的支教活动如期而至。去年10月份我在西藏的支教活动因为高原反应而不得不提前返程的情景还历历在目,如今已经在这次支教的学校——宁夏固原市彭阳县城阳乡中心小学,以老师的身份度过了第一天的教师上班日常。

这是我第一次来到祖国的西北地区,当从前教科书上的黄土高原地貌展现在我眼前,我真实地踩在这片土地上时,心里还觉得有点不可思议。第二次的支教之旅就这样悄悄地拉开序幕。

彭阳县城阳乡中心小学是新盖的小学,每个年级只有一个班,一个班最多也就二十多个学生。早上一进到教学楼,就不断有学生顶着红扑扑的小脸一直问"老师好"。

虽然说是第二次参加支教,但是由于第一次的西藏之旅我因为高反并没有上成课,所以严格意义上说,这是我第一次站上讲台。一瞬间,想起学生时代的我对讲台是十分畏惧的,那时候我要是在台上,一定是紧张得说不出话;今天,我居然可以从容地站在讲台上。

作为第一次真正意义上的支教老师,在这里再次向这里的同学们正式问好:"同学们好!很高兴认识你们。"

实现梦想的希望之旅
— 杨乃川 —

一直以来,我都有一个做老师的梦想。我认为能够成为一名老师,一定是充满耐心、爱心并且相信美好的。

盼望了多年,终于,趁着这次支教,我有了站上讲台的机会。

从酒店到学校,20分钟的车程。早晨来到学校的路上,能看到孩子们背着书包,三三两两,成群结队,有说有笑。

学校是乡镇中心校,六个年级,100多个学生。10多个老师。

下午给三、四年级的孩子上了一节体育课,大概讲了讲乒乓球的规则和打法之后孩子们开始自己活动。这时候有几个孩子来到我们身边问:"老师,这个球拍可以借给我们吗,我们课外活动之后还给你们。"

当然不能泯灭孩子们的兴趣,我们拿着仅剩的三个球拍回到了办公室,确实也没有指望孩子们放学之后能把球拍还回来,送给他们当作小礼物了吧。

很快,下午的课程就结束了。四点半左右就要放学了,在向操场走的路上,孩子们一个一个地跑过来:"老师,还你球拍。"

不光是还球拍,他们把球拍配上了对,装进了球拍袋,乒乓球也放在里面,俨然就当作自己最喜欢的宝贝那样呵护。

真的没想到。

我突然就觉得很惭愧。山区里的孩子,比我想象中的要淳朴得多得多。城市中,人与人之间的信任越来越少,就连小时候借出去的橡皮都没有想着再要回来,但是山区里十岁的孩子,却能做到言而有信。

在来支教的路上,我还在想着怎么样给孩子们上课,但是来的第一天,却真真正正地让孩子们给我上了一课。

因为爱
— 赵仲霞 —

2019年是我支教的第三年,每年支教周围既有人鼓励支持,也有人质疑短期支教的意义。一周的支教,带给孩子们最重要的不是那一点点知识,而是在孩子们心中播下一颗希望的种子,让闭塞环境下的孩子们看到外面多彩的世界,对未来充满希望和走出去的动力。每一个志愿者带着爱,走到孩子们中间,传递着温暖,与其质疑,不如亲身投入其中一次。

尽管已是一名支教老兵，但前期的准备依旧不敢有一丝懈怠，反而更多地思考在一周时间内带给孩子们什么样的课程，这些课程传递的能量是什么。在了解学校需求和前批志愿者的课程后，本次支教团队的小伙伴们经过沟通讨论，避开了重复的课程，制定了科学实验、人工智能、趣味美术、书法、音乐、手工、爱国主题教育等课程。2019年支教小分队11月3日正式出发。

因为爱，我们七个人相聚相交；因为爱，我们尽管工作时间紧张，也愿意跨越千里，做孩子们心中的那一丝温暖的阳光；因为爱，支教无止境，我们一直在路上！

导演的支教尝试

■ 崔超

从音乐课教学到情景剧排练，多年的艺术实践让我不断去尝试新的教学形式，带给孩子们不同的感受。由于之前学校有音乐老师的耕耘，我欣喜地看到了五年级孩子们的音乐素养，超乎我的想象，看简谱试唱不在话下，对于乐理知识的理解也非常迅速，如果孩子能有更好的艺术土壤，相信他们的未来会有更多可能。

此次支教之行得到了校长的委托，给老师和学生分别排练一个5~7分钟的经典古诗词诵读作品，参加比赛。由于诵读作品的限定，5分钟的时间充满、出彩并不容易，于是我把自己关在办公室里，开始了剧本的创作。老师的作品聚焦在诗歌的巅峰唐朝，串联起初唐、中唐、晚唐几个不同时代的经典佳作，讲述诗人诗词以及时代变迁的印记，展现形式既有古诗的诵读，也有诗歌背后故事的铺垫，我在想如果我来诵读，一定是集娓娓道来和铿锵诵读为一体的佳作。

孩子的作品费了不少心力，既要易于掌握，又要深刻走心，在纠结了很久以后，我选择了用舞台剧的方式呈现母子之情的经典作品《游子吟》。当自己成为父亲，对于孩子和父母的情感理解越发深刻。于是我还原了孟郊外出赶考前的一夜，母亲对儿子的关怀、离别的伤感、想念的落泪，以及多年后科举得中的相拥。除了小演员的用心表演，当《游子吟》的旋律响起，合唱团小姑娘们天籁的歌声，都令我眼眶湿润，我仿佛回忆起父母从小对我的关心和培养，以及他们为此付出的心血。

我坚信，艺术是直击心灵的良方。如果说竖笛教学能提升孩子们艺术的修养，那情景剧的表演就是打开综合艺术之门的钥匙。声台形表，样样艰难，但当你倾注心血，将这个节目呈现出来后，能够传递的思想将影响到更多的人。成长的不仅是小演员的能力，更是触动了大小观众的心灵。

当导演这么多年，创排了话剧、小品、音乐作品很多个，有时候不怕辛苦，就怕自己的作品不能被认真对待和用心展示。孩子们很好，积极配合用心排练，一周时间，一部情景剧基本成形。而我用心血创作、亲自示范的老师作品，在一次排练后便石沉大海，纵使我热脸紧贴，却无缘再见。

公益支教，全情投入，用心创作，勇于创新。愿孩子们能够从中受益，在自己的成长中收获更多。

志愿者说 ZHIYUANZHE SHUO

勇担时代使命

— 高明 —

天高云淡,
望断南飞雁。
不到长城非好汉,
屈指行程二万。
六盘山上高峰,
红旗漫卷西风。
今日长缨在手,
何时缚住苍龙?

这是中华人民共和国成立70周年之际我为孩子们的书法课准备的内容。我们支教的彭阳是一块红色的土地,是陕甘宁革命根据地的重要组成部分,是全国革命老区一类县,是中国共产党在宁夏南部山区最早点燃革命星火的地方。

这首《清平乐·六盘山》,是毛主席翻越六盘山时的咏怀之作,回顾了万里长征的行程,表达了红军战士们勇往直前的钢铁意志和抗战必胜的坚定信念。

如今,中国特色社会主义进入新时代,人民群众的日子越过越红火,生活越来越滋润,旧中国那些民不聊生、饥寒交迫的日子早已经成为历史,但同时也在慢慢地淡出人们的记忆。对于这些孩子来说,身处蓬勃发展、日益强盛的中国,对"抛头颅洒热血""爬雪山过草地"缺少情感共鸣,很难真切理解自己的国家遭受外强欺辱是怎样的滋味,也很难想象看到中华人民共和国成立时国家满目疮痍、百废待兴又是怎样的心情。我们的中华人民共和国是无数革命先烈用鲜血和生命铸就的。

网上流传着一句话:"哪有什么岁月静好,不过是有人替你负重前行。"祖国强盛,人民富足,享受岁月静好当然可以,然而我们决不能忘记今天的强盛与富足是多么来之不易,决不能忘记那些曾经以及正在为今天的美好生活负重前行的英雄!

一百多年前,梁启超先生曾说:"今日之责任不在他人,而全在我少年,少年强则中国强。"今日国家之花朵,明日国家之栋梁。真心希望这些偏远山区的孩子们能够志存高远,脚踏实地,学好知识,打好基础,增长才干,将来为中华民族伟大复兴贡献自己的智慧和力量。

追光

— 江田田 —

　　支教三年，有鼓励有不解也有质疑。但是一旦开启了支教的第一步，就仿佛有魔力吸引着自己，支教成为每年都最期待去做的事情。时常会问自己，关于支教自己做了什么，又能做些什么，是教授的课程可以让孩子们短时间掌握技能？还是说可以帮助他们一劳永逸提高成绩？可能都不会。毕竟网络的普及、信息的开放，让更多的资源可以被共享，如果愿意，大山的孩子们也可以通过电教设备来享受顶级的课程。

　　作为支教的老师，我总是自问需要多做一点什么，让每一次支教之行更有意义和价值。这次支教的城阳乡小学的教师年龄结构偏大，孩子们迫切表达了自己想要上体育课的热情，作为支教老师能带来的，除了精心准备的课程，更多的是对教育的初心、赤诚和热情。作为有多次支教经验的我，也会为男孩子们打架大哭而挠头，也会因为控制不住课堂纪律而焦虑，可是平心而论，谁又能在漫长琐碎的生活中保持一如既往的热情呢？

　　但是也总有一些高光时刻，让自己满怀感恩，那大概是你上完课离开教室时孩子们围上来的叽叽喳喳，是课间奔跑的孩子们见到你停下脚步来大声打招呼，是怯生生地拉着你的手、小心翼翼地抱住你说"老师我喜欢你"之类的种种。支教让人哭让人笑又让人哭笑不得，然而它一直都是我的光，做一个热泪盈眶的追光者，愿那璀璨的光芒，永不熄灭。

平凡的一天

— 许梅芳 —

早晨起来,窗外弥漫着一片大雾,一早我们就在校门口迎接学生,许多同学看到这样夹道欢迎的情形不仅觉得奇怪,还特别不好意思。虽然冷,但我们希望抓住点点滴滴的时间让彼此更亲近。

晨迎过后,这儿的学生就会在楼外的空地上站着早读,两三个班级的同学排好队伍站在一起,拿着书本大声朗诵着古诗。天气阴冷阴冷的,只见同学们嘴里哈出一团一团的白气,不断地升起又消散。

下课后,班上还有学生拉着我的手放在暖气片上,说"老师你的手好冰,快放在这上面暖一暖。"暖气片焐热了我的手,也温暖了我的心。

一天结束得很快,下课的时候天气开始渐渐沥沥下起雨来。穿过走廊经过教室,透过窗户看着他们的脸,忍不住想:也许这对他们来说只是平凡生活的某一天,也不知道我们的到来究竟会不会在他们未来漫长的人生里留下什么痕迹。或许我无法听到这个答案,但此时,我唯有努力做好一位老师应该做的,发挥自己的优势,让同学们喜爱美术,并且通过美术表达自己。

化民成俗，其必由学

— 杨乃川 —

在我心里，人民教师一直都是一个神圣的职业。教书育人，启迪灵魂，多么高尚啊。支教的第二天，我才算是正式站上了那神圣的三尺讲台。

记得当时还在学校里学习的时候，一节课下来老师讲的知识也记不住多少。看着老师好像确实是轻轻松松地把课上完了，拿着课本在学生们整齐的"老师再见"声音中头也不回地潇洒地走出教室，但是真的到了自己，发现原来上一节课是这么大的一个考验。

支教路上，我一直在思考，支教的意义到底是什么。

自古以来的教育者，从孔子到蔡元培，从苏格拉底到约翰·杜威，哪个不是亲力亲为地进行教育实践？老师更不应该只是照本宣科，在孩子眼里，老师代表的就是先进的思想和文化，是他们的引路人。

在北京、上海我们都能看得到，学生们经常走进图书馆、天文馆、博物馆，开阔视野增长见识，而中国的基层教育建设，如此看来，任重而道远。

记昨夜我的一个梦

■ 崔超

打开尘封的门锁，拂去满面的灰尘。
墙上暗淡的乐谱，诉说着孤独与寂寞。
揭开岁月的琴布，抚摸琴键的凄苦，
时光飞快地流转，挡不住回忆的无助。

我叫电子琴，我们来到这里时间不短了。
我们渴望和孩子们见面，渴望与他们交流。
而自从琴布遮住了我们的双眼，我们只有在特殊的时刻，作为固定资产出现。

我们是木琴和钢片琴，我需要组装，多个零件是一个整体。
我们渴望被敲击和奏鸣，让孩子们听到别样的声音。
而我们早已告别了演奏，连琴锤也离我们而去。

我们是葫芦丝，我们刚刚到这里一个月。
我们数量众多，易于掌握，我们希望柔美的音色，带给孩子们新的颜色。

而我们一直待在精美的琴盒，我们何时才能与孩子们亲近磨合。

算了！看开些吧！一切都是命中注定。
我是小号，虽然我铁皮薄脆没有三个按键，但我来的时间最长。
看看我旁边曾经鼓号队的兄弟们，哪个不是风烛残年。
认命吧！

不一定！
你是谁？小号问。
我是矿泉水瓶子，我里面有石头。
你懂个啥，你也算乐器？小号继续问。
我本不是乐器，当年有一个老师为了排练，把石头放入了我的肚中，本来我是拒绝的，但是当我听到我能发出沙锤的声音，我看到孩子们演出时的笑脸，我觉得我特别骄傲。
咱们这些乐器，只要能用起来就是存在的意义。
而最重要的是，我们需要爱我们、懂我们、用我们的老师。
老师！老师！懂音乐的老师！所有乐器大声感叹。
那些北京来的，穿着红色衣服的年轻人，
他们都认识我们，
他们能弹出悦耳的琴声，唱出久违的旋律。
他们，一定行！
学校的孩子们，有福了！

嘟嘟嘟嘟，闹铃响了，天亮了……

> 志愿者说　ZHIYUANZHE SHUO

与你同行

— 江田田 —

　　支教第三天。山区的早晨总是雾气蒙蒙,每天早晨我们都会摸黑起床,在同学们达到学校前站在校门口迎接他们,给他们开启一个有仪式感的一天。同学们从第一天晨迎时的害羞回避到会羞涩的同晨迎的我们打招呼。午休课间时,同学们拿着球拍围成一团乒乒乓乓地打起了球,围着我们问东问西,寂静的操场变得生动起来。排练《游子吟》的小演员们从选角色时的迷迷茫茫到可以大大方方地表现自己,稚嫩的童声回荡在水房,引来了老师同学们的围观,瞬间眼眶湿润。大概就是这一次次的感动化作头顶的星光,给予我不断前行的力量。

因为帮助学校整理教室，发现这里竟然还有很多尘封的电子琴、小号、竖笛和鼓，甚至还有一架钢琴，试弹了一下，大概很久没有人碰过它，已经有些走音。听校长说，唯一的音乐老师，已经考到县里了。当琴声响起时，路过的同学们都好奇地在门口观望，听这架尘封很久的钢琴用沙哑的歌声吟唱，心中思潮翻涌。

桃李不言下自成蹊，时常想起，释门弟子所说的菩萨低眉，金刚怒目，也许支教的意义就是在这点滴间的积累，不经意间的改变。虽然也会在现实中感到疑惑，但精诚所至，金石为开，同气相求，终有来者。

支教亦是受教
— 谭泽洋 —

支教来到第三天，与孩子们在一起的第三天。心真的很静。看到孩子们的笑，听到孩子们的读书声、歌唱声，心里有一种不一样的感觉，没有任何杂念。

孩子们渴望有人陪伴，而我们志愿者的出现触发了孩子们心底渴望被关怀、被疼爱的内心需要。这里有部分留守家庭的孩子，家庭里多个孩子，由爷爷奶奶照料，满足孩子基本的生活；但是能看出来，孩子们与我们在一起时，那种发自心底的开心。

支教亦是受教，我们能带给孩子的很少很少，但是我们从孩子身上能感受到很多。这种深思伴随了五年，真的，任何事情需要亲身感受。我们觉得孩子的快乐，未必是孩子自己的快乐，我们的快乐都是有附加的。我们短暂的内心平静、没有杂念就是孩子带给我们的。孩子们遵守约定，和老师约定好的事情一定会做到。

社会各界都给孩子们贡献了很多的爱，捐书、捐物，捐音乐器材、体育器材，但真正需要的还是物尽其用，让它们发挥价值。这是一个长期的过程，如何协调主课、副课，这也是需要去平衡的。

未来，我们仍将坚守，支教亦是受教。

教育的意义
- 许梅芳 -

少年强则国强，人人都知道教育的重要性，然而教育真的不是一件简单的事情。面对这一张张白纸，我们应当如何着墨？面对自己，我们应当如何规划人生？如何能够初心不改，砥砺前行？

学习知识固然有用,但也远没有一个人的思想、态度和修养来得重要。但教育这件事,又不是纯粹靠老师学校的单方面努力就可以的,它需要我们社会上的每一个人去关注。

不要说教育这件事我们做不了什么,其实我们能做的很多,除了成为一名称职的老师,我们的一言一行都在不知不觉中引导着小朋友们。以身作则就是教育的点滴,只有我们成为更好的人,社会才会变成更好的社会。我想这就是教育的意义。

被尘封的硬件
- 赵仲霞 -

支教第三天,偶然情况下,支教老师在一栋独立的小楼里看到了被锁着的电钢琴、电脑桌、电脑,各种各样的教学器材,种类繁多,却蒙着厚厚的灰尘。对于崭新的教学器材被闲置,折射的是多数希望小学的现状:硬件已经飞速提升,但软件确依旧跟不上更新,师资力量不足、教师老龄化、难以接受新事物、好老师留不住……这些问题如何解决是

关键。

我们团队的支教老师经常互相鼓励,要始终保持初心,哪怕一次支教能影响一个孩子向前的动力,未来改变他的人生,那也是值得的、欣慰的事情。

顾明远先生倡导:"没有爱就没有教育,没有兴趣就没有学习,教书育人在细微处,学生成长在活动中。"教育道路虽艰辛,我们依然坚信,因大家的坚持孩子们的未来更美好。

愿被尘封的硬件们早日"重见天日",愿中国教育的软件加快更新换代,共同打开孩子们认识世界的另一扇窗。

假如我在这里当老师

■ 崔超

假如我在这里当老师,
我将怎样面对孤独与寂寞。
环山之中,校园寂静,
抬头仰望星空的黑夜,
我是否会泪流满面。

假如我在这里当老师,
我将如何畅想我的未来。
工资微薄,饮食寡淡,
翻开朋友圈的精彩,
我是否会陷入沉思。

假如我在这里当老师,
我将怎样遇见我的爱情。
茫茫人海,形单影只,
想起曾经爱人的美好,
我是否会一声叹息。

假如我在这里当老师,
我将如何教授我的学生。
时光荏苒,岁月如梭,
二十年后的他们,
我是否会自豪满满。

假如我在这里当老师,
我将怎样面对短暂而来的支教老师。
能力参差,热情满满
绚烂烟花的过后,
我是否会一筹莫展。

假如我们不在这里当老师，
请尊重每一位老师的青春与付出，
他们承受的一切，是你我所不能想。

假如我们在这里当老师，
请认真准备每一节课，
三尺讲台责任重大，
不负孩子渴望的眼神。

志愿者说 ZHIYUANZHE SHUO

播种希望
— 高明 —

今年是中华人民共和国成立70周年，到了革命圣地，爱国教育肯定是少不了的。

继昨天教六年级学写字的同时学习了毛主席的《清平乐·六盘山》之后，今天轮到我给万事万能的仲霞老师当助教，仲霞老师给四年级的孩子们带来的是爱国主义教育题材的沙画制作。

或许孩子们

通过短短的一堂课并不一定能理解爱国,因为这是一个永恒的主题,但是希望能把爱我中华的种子埋入每个孩子的心灵深处,把红色基因传承好!

平凡之路
— 江田田 —

为期一周的支教之行已过半,才慢慢开始渐入佳境。这大概是起床最早的一周,每天五六点起床摸黑儿出发,到20公里外的学校开启新的一天。虽然在支教的过程中也遇到了些许的困惑,但都在孩子们清澈的眼神和不知忧愁的笑声中一一化解。

时常会被人问为什么要来支教,仔细想想其实并无雄心壮志。"见天地,知众生,方大成",和每一次旅行一样,有了一个生活在别处的机会,有了旁观另一种不同生活方式的可能,在付出的过程中得到的感动也足够吸引你下一站的启程。这一条平凡之路,有鲜花也有荆棘,有感动也有彷徨,我将永远困惑,也将永远寻找。

大山里的星星
— 杨乃川 —

长久以来,我都以我是一个中国人而自豪。中国,地大物博,云贵高原、黄土高原、华北平原、四川盆地……

我对西北的印象一直都停留在之前几次的到访:放眼望去,一片一片的戈壁、黄土塬、风沙。西北的山区和华北不同，山没有连着山，也没有怪石嶙峋、丛林耸立。

可能之前因为工作关系，一直与当地人接触得很少，不知道是心理作用还是怎样，西北山区里的人和华北不一样，给我最大的感觉就是西北人更为憨厚，尤其是孩子。

可能对于一个十岁的孩子来说，走出山区的路太远了。虽然我们所在的地方留守儿童并不是很多，但是因为家境并不富裕，对于他们来说，能够到山那边的县城就已经是一段非常遥远的路途了。

对此，我常常听父亲提起。

父亲出生在一个小山沟里面，他总是讲述他小时候的故事。小时候和玩伴一起爬到家门口的山顶，向着远处看。他说那个时候他总是在想，长大以后一定要努力走出山沟沟，看看山的那边是什么。十几年后他考上大学走出了山沟，他笑着回忆说："原来山的那边还是山。"

山区里的孩子可能也经常会这样想：山的那边到底是什么，天为什么是蓝的，树为什么是绿的……

所以当我把化学实验当作魔术带给他们的时候，看到的除了他们脸上惊讶的表情，更多的还是好奇的、求知的眼神。

这一双双好奇的目光，就像是一颗一颗的星星。

总有一天，这些星星会从大山深处散发出光芒，飞向更广阔的天空。

支教的点滴感动（上集）

– 赵仲霞 –

刚下课，二年级的同学们围着芳芳老师，不舍得让她离开，孩子们抢着表达他们对于芳芳老师的喜爱。有一个小男孩拉着芳芳老师的手，"老师，你的手好凉，快放暖气上暖暖。"边说边拉着老师的手放在暖气上，此刻，温暖的不只是老师的手，更是老师的心。孩子，谢谢你们的善良！

一年级孩子们的音乐课，田田老师带着甜甜的笑，认真地教大家唱歌和手舞。孩子们一遍一遍学得都很认真，当音乐响起，孩子们开心地唱着歌曲，稚嫩的小手比画着动作，那一刻，田田内心的幸福感爆棚。用手机记录下这美好的时刻，田田反反复复看了二十多遍，每一遍都让她开心不已。孩子，谢谢你们的纯真！

体育课上，谭老师和高老师带着孩子们锻炼、游戏。休

息时间，一群孩子围着老师似欢快的小鸟叽叽喳喳询问个不停。有一个小女孩紧紧抱着高老师的胳膊，像依偎在父亲身边，那一刻她是否想念她的父母，我不得而知，但那个亲近的画面确实让人觉得无比温馨。孩子，谢谢你们的信任！

第一年来支教的实验课小杨老师有一位忠实的粉丝，四年级的小姑娘在上课时，睁着大眼睛专注地看老师做实验，在她看来老师是神奇的魔法师，会变各种魔术，下课后还会追着老师问："老师，您还会其他魔术吗？您什么时候再教我们实验？"孩子对于知识的渴望，让我们觉得一切付出都是值得的。或许我们影响不了所有的孩子，但只要有一粒希望的种子发芽，长成参天大树，那我们都是骄傲的！孩子，谢谢你们的认真！

等待山花烂漫
- 高明 -

进入初冬的彭阳，在雾气笼罩之下，山野间一片凋零。望在黑白之中，最显眼的是教学楼前那面每天升起的五星红旗。

红旗下，孩

子们已经没有了我们刚来时的生分和羞涩，进入校园一路迎来的都是孩子们灿烂的微笑和问候。

今天是星期五，也是我们带给孩子们的最后一堂课。从来到这里的第一天，我就问孩子们最想上的是什么课，有幸跟谭老师一起在此次支教最后一天的下午带着孩子们上了他们最爱上的体育课！

沉浸在孩子们的欢声笑语中的我们一连带了三个班的三节体育课，看到学校门口来接孩子的家长才知道这是我们能跟孩子们一起的最后的欢乐。看着孩子们渴望的不舍的眼神，不得不跟孩子们说再见了。这句再见还没有忍心说出来的时候，孩子们开始以自己的方式跟我们道别，有的给我们递着写满爱的纸条，有的找我们要着适合他们的联系方式，有的则是静静地站在我们的身旁、老师的身后，有的上前拉住我们的手，与我们十指相扣！直到被校长催着孩子们才走向学校大门外的家长！

这是平凡的一周，很快我们都将要回到北京投入各自忙碌的工作中。对于支教，这不是结束，从开始的那一年的那一天，不会停止！就像那看见的看不见的星星，在雨里，在夜里，在时代里，在自己的岗位上，静静地闪烁。

宁夏彭阳支教故事的开始留在今年的冬天，那是一颗种子；故事的结尾不知道要在多远的未来，静静等待，等待山花烂漫。

请记得我的爱
- 江田田 -

支教就要结束了，恰好赶上了县里举办的乒乓球赛，虽然短时间内

想从技术上提高参赛小同学的水平不太可能,但是作为拥有省队乒乓球冠军的我们还想最后努力一把,看看能不能有机会从战术上逆袭。当到达比赛现场的时候,我才第一次直面教育资源的差距。虽然我们所在的城阳乡中心小学硬件已然很好,可是和其他参赛选手相比,因为没有专门的体育老师,我们的学生完全没有受过专业的指导,全靠自己练的野路子来对应,虽然有了战术指导,但是几轮下来还是输了,当他哭着下场扑到妈妈怀里的时候,我的心里也五味杂陈。

下午回到学校上课,因为不想让孩子们感受分别,上课的时候没有跟我班上的孩子们提起支教即将结束这件事,但是第一节课下课的时候,隔壁班孩子们突然向我跑来,扑进我的怀里,跟我说"老师我会想你的"之类的种种,我愣了一下,便又紧紧地回抱了他们,告诉他们还有机会再见面,便赶紧回到教室扫地了。晚上吃饭的时候聊起来,支教为了什么,能做什么,可以改变什么,大家各自聊了自己的想法。我想了想,教育本就是积跬步行万里的过程,短时间内不可能取得实质性的突破,然而这一群年轻有活力、笑意盈盈、热情满满、带着初心的支教老师的出现,在这些孩子的生活中投入了一束微弱的光,打开了看世界的新视角,又或者他在长大后还会记得那个来自支教老师紧紧的拥抱,哪怕并不记得我的名字也就足够了。而我,也将带着这些感动的瞬间,继续前行。

告别

— 许梅芳 —

最后一节课，给二年级上了美术。我让学生们画"你最喜欢的老师"，却意外收到许多学生的告白。他们画得并不好看，有的还在画上写信，稚嫩的画笔写了短短几句，不仅有错别字，甚至还有拼音。一张张小画，好像学生们的送别礼物，我看着心里又觉得高兴，又感谢这些学生，谢谢他们喜欢我。

下课的时候学生们围在我身边，问我："老师你会再来吗？"我说："也许不会再来了。"学生的眼神黯淡下去，然后问："为什么呀？"我说："因为还有很多其他的学校我们还没去过，就算以后我会再来，那时候你们也都长大了。"他们没有再说话了。

离开教室的时候有一个学生跟我说拜拜，这时候另一个学生一本正

经地说:"不要说拜拜,要说再见。因为拜拜可能不会再见,但是说再见的话,也许就会再见。"

其实支教到底能带来怎样的意义真的很难说。一周的时间很短暂,也许我们并不能给孩子们教多少非常有用的知识,但是至少我们打开了孩子们对新鲜事物的认知,重新定义了老师的含义:不仅是传授知识,更是学生的朋友。

离开的时候,土塬上的天气阴冷,又雾蒙蒙,和每个学生都拥抱了一下,看着他们放学远去的背影,我在心里默默说了:再见……

我们将一直在路上
— 杨乃川 —

这是很平凡的一天。

晨迎、备课、上课。

不知道是谁,把我们第二天要走的消息泄露出去了。

一下课,孩子们一下子把我们围住。

"老师,你们明天是要走了吗?"

无言以对。

一个礼拜,直到今天,当孩子们把我围住,我才仔细观察这群孩子,他们其实有共同的特点。

男孩子们头发都长长的,有一段时间没理发了;女孩子们都是短头发,没有小女孩头上那种五颜六色的发饰。手指甲有些长了,里面或多或少地有一些黑黑的泥;身上的衣服脏兮兮的,但是并没有破洞或者补丁。有个低年级的小男孩背着一个特别少女的粉色小书包,想必是姐姐用剩下的。

而无一例外，每个孩子的眼睛里都充满了好奇。

在我们讲述实验的时候，在我们教授沙画的时候，在我们带他们制作手工的时候，在我们提到北京的时候。孩子们的眼睛里面都闪着光。

有一件很让我触动的事情。

十几岁的孩子，应该对世界有一个差不多的认知，但是当我们提到北京的时候，他们只知道"很远"。

基层教育缺少的其实并不是崭新的教室课桌黑板，而是为孩子们传递更多的知识，传递正确的世界观、价值观。从认识身边的实物到认识世界，从辨别一道题的对错到辨别是非。走出学校的时候我跟身边的小伙伴感叹："明年我知道我要给孩子们教什么了。"

任重而道远。

今年的支教告一段落，有收获也有遗憾。

那就把遗憾留给下次吧，

我们将一直在路上。

支教的点滴感动(下集)

— 赵仲霞 —

谭老师的乒乓球课是最受孩子们欢迎的,恰逢彭阳县中小学生球类运动会,谭老师带着挑选的种子选手报名参赛,我们一行人更是到现场为孩子们加油助威。比赛中,谭老师从专业角度指导战术,连胜两局,但临时抱佛脚还是不如经常训练的孩子基本功扎实,坚持到最后还是输掉了比赛。结束的那一刻,孩子哭倒在妈妈怀中,我们满是心疼,或许学校有乒乓球教学就好了,或许更多的专业老师支教就好了,或许……我们相信谭老师的专业指导让孩子受益匪浅,也许明天他将成长为一名优秀的运动员。孩子,谢谢你们的运动热血!

身为音乐老师的崔老师,为了孩子们的合唱表演,付出时间和精

力,创作合作+情景剧形式的剧本,带着孩子们编排,新颖的形式为编排增加了难度。崔老师说这是孩子们了解表演的机会,他一直相信孩子们可以做到。就这样,每天给孩子们讲剧情,亲自表演示范,从细节抠表演,当最后一天排练时,孩子们高声吟唱《游子吟》,两个表演的小演员演绎深挚的母爱、分离的不舍,那一刻,震撼人心。孩子,谢谢你们的努力!

在我的四年级沙画课上,孩子们完成分组后,有一个小男孩依旧静静地坐在角落,低着头一动不动。同学们此时告诉我,"老师,他是残疾人,我们平时分组都是推椅子过去的。"男孩不知是因为自卑还是害怕,眼中强忍泪水。那一刻起,我更多地关注到这个孩子,希望给予他更多的关心和温暖。小心翼翼地将他送到桌旁,分发教具,开始讲课,在给大家讲解完后单独再给他讲解,更多的时间停留在他的身旁,但整

个过程都是我自说自话,男孩始终没给我丁点儿反馈。等孩子们都完成作品后,他还在默默地做着自己的沙画。一直等他完成,我们将他送回位置,大家一起拍了合影,开心地结束了课程,唯一的遗憾是感觉没有打开男孩的心扉。等第二天路过班级时,偶尔问了一个问题,有一个小小的声音回答了我,惊喜地发现是那个特别的男孩子,看着他脸上的羞涩笑容,那一刻幸福感爆棚!付出总有收获!孩子,谢谢你们的认可!

孩子们对支教老师说"谢谢你们从北京不远万里来教我们知识,带给我们不一样的知识,我们喜欢你们",其实支教亦是受教,感谢孩子们带给我们的感动,支撑我们向前的力量!坚持支教,不忘初心!

《为爱前行》

作词：崔超

作曲：崔超

演唱：高明　崔超

翻越千山，我们在此相聚；
跨过万水，我们心心相印。
怀揣理想，我们心系公益；
点亮希望，我们并肩奋进。

为爱前行，校园环境更美丽；
点滴爱心，汇聚青年朝气。
为爱前行，孩子的笑容更加甜蜜；
用心支教，传递至真情谊。

三尺讲台，我们怀揣敬意；
趣味课堂，我们竭尽全力。
离别时刻，我们泪洒大地；
祖国需要，我们前赴后继。

为爱前行，祖国花朵更加绚丽；
汗水镌刻，书写宝贵回忆。
为爱前行，梦想种子生根发芽；
青春背影，时代不会忘记。

扫码听歌

致谢

支教征程一路走来,回首来路感慨良多。借此机会,我要衷心感谢很多人。感谢我的家人对我支教工作的大力支持,没有他们的辛勤付出,沿途再多的风景也无法静心欣赏;我要感谢跟我一起并肩战斗的志愿者伙伴,没有他们的生死与共,再多回忆也会索然无味;我要感谢大山深处教育一线的乡村教师,没有他们的默默坚守,再多孩子也无法实现命运的转变;我要感谢中国宋庆龄基金会、中国青少年发展基金会、明园慈善基金会等公益组织的大力推动,没有他们的雪中送炭,再多梦想也将无法实现;我还要感谢中国平安的公益平台,让我可以与支教结缘,成就一份毕生难忘的宝贵回忆。

最后,我更要感谢那些在我支教过程中,给予我关怀、鼓励、帮助和陪伴的爱心人士和挚爱好友,他们的每一句问候和激励,都是我成长路上的力量源泉,我都铭记在心。

谢谢大家!

崔超
于2020年5月